Thomas Kalkus-Promitzer

NLP -
Eine praxisnahe Einführung in das
Neurolinguistische Programmieren

Psychosoziale Impulse: Band 7

Impressum

© 2025 Thomas Kalkus-Promitzer

Covergestaltung und Illustrationen:
DI Konrad Promitzer - www.kpdesign.at

Bibliografische Information der Deutschen Nationalbibliothek: Die Deutsche Nationalbibliothek verzeichnet diese Publikation in der Deutschen Nationalbibliografie; detaillierte bibliografische Daten sind im Internet über http://dnb.dnb.de abrufbar.

Die automatisierte Analyse des Werkes, um daraus Informationen insbesondere über Muster, Trends und Korrelationen gemäß §44b UrhG („Text und Data Mining") zu gewinnen, ist untersagt.

Verlag: BoD · Books on Demand GmbH, Überseering 33, 22297 Hamburg, bod@bod.de

Druck: Libri Plureos GmbH, Friedensallee 273, 22763 Hamburg

ISBN: 978-3-8192-2655-7

Inhaltsverzeichnis

I

Geleitwort

Liebe Leserin, lieber Leser,

herzlichen Glückwunsch! Wenn Sie dieses Buch in Händen halten und sich auf diese Zeilen einlassen, haben Sie bereits einige Dinge über sich verraten, die absolut für Sie sprechen:

- Sie haben Interesse an persönlichem Wachstum und Entwicklung.
- Sie sind bereit, Ihre Kommunikation zu reflektieren, zu verbessern und damit die Beziehung zu anderen Menschen zu bereichern.
- Sie halten ein Einsteigerbuch in der Hand, somit sind Sie offen für neue Themen und Sichtweisen und bereit, sich auf das „Abenteuer NLP" einzulassen
- Sie haben beschlossen, sich Ihre eigene Meinung über NLP zu bilden und nicht blind zu glauben, was andere darüber sagen.
- Sie sind jemand, der beim Lesen nicht einfach das Geleitwort überblättert, was zeigt, dass Sie eher strukturiert in Ihrem Vorgehen sind und offen zu erfahren, was andere über dieses Buch und zu dem Thema sagen.
- Und schließlich haben Sie sich für ein Buch eines geschätzten Kollegen entschieden, der seit vielen Jahren auf hohem Niveau NLP unterrichtet und durch seine Kurse und Coachings bereits zahlreichen Menschen geholfen hat, ihre Perspektiven zu erweitern und sich zu entwickeln.

Als ich Ende der 1990er Jahre meinen ersten NLP-Kurs besuchte, saß ich im Seminar - und ich hatte keine Ahnung, was auf mich zukommen würde. Doch ich war sofort gefesselt: Ich verstand auf einmal, warum Menschen - und letztlich auch ich selbst - so handeln, wie sie es tun. Jedes Verhalten hat seine eigene Logik und macht in einem bestimmten Kontext absolut Sinn. NLP ist nicht die Kunst der Manipulation, sondern die Meisterschaft, sich selbst zu transformieren. Mit einem Mal erkannte ich, dass ich meinen eigenen Gedanken und Verhaltensmustern nicht hilflos ausgeliefert bin; ich kann sie gestalten und ändern. Das hat meine Sicht auf die Menschen und die Welt nachhaltig verändert.

Durch NLP ist meine Welt bunter, reicher und aufregender geworden. Ich hoffe, dass Ihre Reise in dieses faszinierende Gebiet Ihr Leben auf ähnliche Weise bereichern wird.

Dieses Buch von Thomas Kalkus-Promitzer ist der perfekte erste Schritt dafür. Es ist nicht nur angenehm zu lesen, sondern auch für Einsteiger leicht verständlich und vollgepackt mit praktischen Tipps, die Sie sofort in die Tat umsetzen können. Für all diejenigen, die bereits Erfahrung haben, bietet es eine tolle Zusammenfassung der essenziellen Themen, angereichert mit neuen Perspektiven, die Ihrem bestehenden Bild von NLP die eine oder andere zusätzliche Facette verleihen werden.

Ich wünsche Ihnen viel Freude beim Schmökern, spannende neue Erkenntnisse und die Offenheit, sich selbst, die Menschen um Sie herum und Ihre Beziehungen aus neuen Blickwinkeln zu betrachten und aktiv zu gestalten.

In diesem Sinne wünsche ich Ihnen einen tollen Start – oder tollen nächsten Schritt – auf Ihrer Reise in die Welt des NLP.

Herzlichst,

Alexander Seidl
Obmann des Österreichischen Dachverbands für NLP

Herzlich Willkommen!

Es gibt Momente im Leben, in denen sich etwas verändern soll. Nicht morgen, nicht irgendwann, sondern jetzt. Vielleicht ist dieser Moment für dich genau jetzt gekommen. Vielleicht hältst du dieses Buch in der Hand, weil du neugierig bist. Weil du mehr über dich selbst erfahren möchtest. Oder weil du herausfinden willst, wie man das eigene Denken, Fühlen und Handeln gezielt beeinflussen kann. Dann bist du hier genau richtig.

Mein Name ist Thomas Kalkus-Promitzer. Ich bin zertifizierter NLP-Lehrtrainer des Österreichischen Dachverbands für Neurolinguistisches Programmieren (ÖDV-NLP) und begleite seit vielen Jahren Menschen auf ihrem Weg zu mehr Selbstwirksamkeit, innerer Klarheit und persönlichem Wachstum. In Ausbildungen, Seminaren und vielen Einzelsettings habe ich erlebt, wie wirkungsvoll NLP sein kann, wenn es verantwortungsvoll und mit einer klaren inneren Haltung angewendet wird.

Dieses Buch richtet sich an dich, wenn du NLP kennenlernen möchtest, ohne dich gleich durch theoretisch überfrachtete Fachliteratur kämpfen zu müssen. Es ist für alle geschrieben, die sich einen leichten, verständlichen Einstieg in das Neurolinguistische Programmieren wünschen. Und es wendet sich genauso an Menschen, die vielleicht schon länger mit dem Gedanken spielen, eine NLP-Ausbildung zu beginnen, aber noch nicht sicher sind, ob dieser Weg wirklich zu ihnen passt. In beiden Fällen soll dir dieses Buch als Wegweiser dienen, als Orientierungshilfe und Einladung zur Selbstbeobachtung.

Gleichzeitig bietet es auch für erfahrene Leserinnen und Leser viele neue Impulse. Wenn du bereits erste Erfahrungen mit NLP gesammelt hast, wirst du in diesem Buch auf neue Perspektiven und vertiefende Betrachtungen stoßen. Denn NLP ist keine starre Technik, sondern ein lebendiger, sich ständig weiterentwickelnder Ansatz, der von deiner Haltung ebenso lebt wie von deinem Wissen. Es ist mir ein persönliches Anliegen, NLP nicht nur verständlich, sondern auch vielseitig und praxisnah zu vermitteln. Denn in der Praxis zeigt sich, ob eine Methode trägt.

Was du von diesem Buch erwarten kannst, ist kein fertiges Erfolgsrezept und keine Aneinanderreihung von Methoden, sondern ein fundierter, erprobter Zugang zu einem kraftvollen Instrument für persönliches Wachstum. NLP ist für mich mehr als ein Werkzeugkasten. Es ist eine Art zu leben, zu kommunizieren, zu denken. Es geht darum, bewusster zu werden für das, was in dir wirkt. Es geht um Sprache, um innere Bilder, um Glaubenssätze und um das, was dich lenkt, oft ohne, dass du es bemerkst. NLP hilft dir, diese inneren Muster zu erkennen, sie neu zu sortieren und so zu verändern, dass du dich freier, klarer und lebendiger fühlst.

Ich möchte dich dazu einladen, NLP nicht nur zu verstehen, sondern es zu erleben. Deshalb schließt jedes Kapitel mit einem Praxisimpuls ab, der dich zum Mitmachen einlädt. Diese Impulse kannst du sofort anwenden - alleine oder mit anderen. Manche Impulse regen zum Nachdenken an, andere laden zum Experimentieren ein. Sie ermöglichen dir, das Gelesene in deinen Alltag zu übertragen, Schritt für Schritt. Denn Lernen geschieht nicht nur im Kopf, sondern durch Tun, durch Erleben, durch kleine Veränderungen, die plötzlich große Wirkung entfalten können.

Es gibt viele Bücher über NLP. Einige sind sehr technisch, andere sehr anwendungsorientiert. Mein Ziel ist ein Buch, das beide Welten verbindet. Du wirst nicht mit Theorie überfordert, aber du wirst auch nicht mit oberflächlichen Schnelllösungen abgespeist. NLP braucht ein gutes Fundament, um wirklich zu wirken. Und es braucht eine achtsame Haltung - vor allem dir selbst gegenüber. NLP kann kraftvoll sein. Es kann neue Türen öffnen. Aber nicht jede Tür führt sofort zur Erleuchtung. Manchmal braucht es Mut, Zeit und eine klare Entscheidung, um Veränderungen wirklich zuzulassen. Auch dafür soll dieses Buch Raum geben.

Vielleicht bist du skeptisch. Vielleicht hast du von NLP gehört und dir gedacht, dass es dir zu manipulativ erscheint, zu einfach oder zu amerikanisch. Ich kann das gut verstehen. Es gibt viele Mythen, viele Halbwahrheiten und leider auch Beispiele von Menschen, die NLP für ihre Zwecke missbraucht haben. Doch NLP selbst ist weder gut noch schlecht. Es ist eine Methode, ein Modell, ein Werkzeug, und wie jedes Werkzeug entfaltet es seine Wirkung erst durch die Hand, die es führt. NLP kann respektvoll, empathisch und tiefgründig sein. Es kann zur persönlichen Reifung beitragen, zur besseren Kommunikation, zu mehr Klarheit in Beziehungen, zur Stärkung innerer Ressourcen. Genau in dieser Haltung möchte ich dir NLP näherbringen.

Wenn du dieses Buch liest, brauchst du keine Vorkenntnisse. Alles, was du brauchst, ist Offenheit und ein wenig Neugier. Ich verspreche dir keine Wunder, aber ich verspreche dir, dass du mit jedem Kapitel ein Stück mehr über dich selbst erfahren kannst. Und dass du Werkzeuge kennenlernst, die dir helfen können, mit Herausforderungen anders umzugehen, deine Ziele klarer zu formulieren, deine Sprache bewusster einzusetzen und andere Menschen besser zu verstehen.

Du entscheidest selbst, wie tief du gehen möchtest. Vielleicht genügt dir ein erster Einblick. Vielleicht merkst du, dass du tiefer eintauchen willst. Vielleicht entwickelt sich im Lauf des Lesens das Bedürfnis, dich selbst im Rahmen einer NLP-Ausbildung weiterzubilden. Auch dafür findest du in diesem Buch Hinweise, Orientierung und erste Schritte. Alles darf, nichts muss. NLP beginnt mit der Entscheidung, die eigene Landkarte des Lebens bewusster zu gestalten. Und genau dazu lade ich dich ein.

Was dich in den kommenden Kapiteln erwartet, ist eine Reise durch die zentralen Themenbereiche des NLP. Du wirst erfahren, wie Wahrnehmung funktioniert, wie Sprache unser Denken beeinflusst, wie innere Bilder unsere Wirklichkeit formen, wie du mit kleinen sprachlichen Veränderungen große Unterschiede machen kannst und wie du mit klaren Zielbildern deine Motivation und dein Handeln ausrichten kannst. Du wirst lernen, was es bedeutet, Rapport aufzubauen, wie man mit Menschen in Resonanz geht und welche Rolle unsere Sinne dabei spielen. Viele dieser Inhalte wirst du nicht nur lesen, sondern im Alltag ausprobieren können.

NLP ist nicht nur etwas für Therapeutinnen oder Coaches. Es ist für Menschen, die ihr Leben bewusster gestalten wollen. Für alle, die wissen möchten, wie Kommunikation gelingt, wie Konflikte entschärft werden können, wie Veränderung wirklich machbar wird. Und es ist für alle, die sich selbst besser verstehen möchten, um authentischer mit anderen in Kontakt zu treten.

Wenn du bereit bist, dich auf diese Reise einzulassen, dann freue ich mich, dich mit diesem Buch begleiten zu dürfen. Ich teile mit dir nicht nur mein Wissen, sondern auch meine Erfahrungen, meine Begeisterung und viele kleine Werkzeuge, die dir helfen können, mit mehr Leichtigkeit, Klarheit und Selbstwirksamkeit durchs Leben zu gehen.

Und nun lass uns beginnen.

Was ist NLP?

Vielleicht hast du schon einmal von NLP gehört. Im besten Fall im Zusammenhang mit Coaching, Kommunikation oder Persönlichkeitsentwicklung. Vielleicht ist dir der Begriff aber auch im Rahmen einer kritischen Diskussion begegnet, etwa wenn Menschen über manipulative Sprache oder zweifelhafte Methoden sprechen. Und vielleicht hältst du dieses Buch gerade in der Hand, weil du neugierig bist. Neugierig darauf, was sich wirklich hinter diesen drei Buchstaben verbirgt, die so viele Assoziationen auslösen können.

NLP steht für Neuro-Linguistisches Programmieren. Ein Begriff, der auf den ersten Blick technisch oder sogar kühl klingt. Dabei geht es im NLP um zutiefst menschliche Prozesse. Um Wahrnehmung, Sprache, innere Welten, Veränderung, Beziehung und Sinn. Es geht darum, zu verstehen, wie Menschen denken, fühlen, handeln und miteinander in Kontakt treten. Und es geht darum, wie all das veränderbar und gestaltbar ist. NLP ist kein starres Regelwerk, sondern eine Einladung, sich selbst und andere auf neue Weise zu erleben. Es ist ein offener, pragmatischer Zugang, der in vielen Lebensbereichen Anwendung findet, vom persönlichen Wachstum über professionelle Kommunikation bis hin zur Begleitung in Veränderungsprozessen.

Entstanden ist NLP Anfang der 1970er-Jahre an der University of California in Santa Cruz. Dort trafen zwei ungewöhnliche Persönlichkeiten aufeinander. Richard Bandler, ein junger Mathematikstudent mit großem Interesse an Psychologie, und John Grinder, ein

Linguistikprofessor mit einem feinen Gespür für Sprach-strukturen. Gemeinsam begannen sie, die Arbeit besonders wirksamer Therapeutinnen und Therapeuten zu analysieren. Sie interessierten sich nicht primär für die Theorie, sondern für das konkrete Handeln, für die Frage: Was genau tun diese Menschen, wenn sie mit anderen arbeiten? Wie sprechen sie? Wie bauen sie Beziehung auf? Wie verändern sie mit wenigen Worten die Denk- und Gefühlswelt ihrer Klientinnen und Klienten? Inspiriert waren sie unter anderem von Virginia Satir, Fritz Perls und Milton Erickson, deren Arbeitsweise sie systematisch beobachteten, entschlüsselten und strukturierten.

Was daraus entstand, war kein klassisches Therapieverfahren, sondern etwas Neues. Eine Methode, die auf Modelllernen basiert. Man spricht im NLP von „Modelling", also dem gezielten Beobachten, Analysieren und Übernehmen erfolgreicher Denk-, Sprach- und Handlungsmuster. Nicht im Sinne eines starren Kopierens, sondern als bewusster Lernprozess. Diese Idee, dass Erfolg in Kommunikation und Veränderung erlernbar ist, wenn man versteht, wie er funktioniert, bildet bis heute das Herzstück des NLP. Es geht darum, Modelle von Exzellenz zu identifizieren, sie in ihre einzelnen Bestandteile zu zerlegen und so zugänglich zu machen, dass andere sie für sich adaptieren können. Wer sich näher mit NLP beschäftigt, wird schnell merken, dass es dabei nicht nur um Techniken geht. NLP ist vor allem auch eine innere Haltung. Eine Haltung, die geprägt ist von Respekt, Neugier, Offenheit und dem tiefen Vertrauen in die Veränderungsfähigkeit jedes Menschen. Es geht darum, Menschen nicht zu bewerten, sondern sie in ihrer subjektiven Wirklichkeit ernst zu nehmen. NLP nimmt die individuelle Wahrnehmung als das, was sie ist: eine persönliche Landkarte, die nie das ganze Gebiet zeigt, aber für den Einzelnen dennoch real und bedeutsam ist. Einer der Grundsätze im NLP lautet: Die Landkarte ist nicht das Gebiet. Damit ist gemeint, dass unsere Sicht auf die Welt immer nur eine Konstruktion ist, beeinflusst durch Erfahrungen, Sprache, Überzeugungen und Emotionen. Wer diese Konstruktionen erkennt, kann sie auch verändern.

Der Name NLP setzt sich aus drei Begriffen zusammen, die gemeinsam das menschliche Erleben beschreiben. „Neuro" steht für die neurologischen Prozesse, die unserer Wahrnehmung und unserem Verhalten zugrunde liegen. Wir erleben die Welt über unsere Sinne, nehmen Informationen visuell, auditiv, kinästhetisch, olfaktorisch und gustatorisch auf, und verarbeiten sie in unserem Nervensystem. NLP interessiert sich dafür, wie diese Repräsentationen organisiert sind. So zeigt sich zum Beispiel, dass emotionale Reaktionen stark davon abhängen, wie genau ein inneres Bild gestaltet ist. Wird dieses Bild verändert - etwa in Größe, Farbe, Entfernung oder Bewegung -, kann sich auch die damit verbundene Emotion wandeln. Diese Arbeit mit sogenannten Submodalitäten ist ein zentraler Bestandteil vieler NLP-Techniken.

Der zweite Begriff, „linguistisch", verweist auf die zentrale Rolle der Sprache. NLP versteht Sprache nicht nur als Mittel zur Kommunikation, sondern auch als Werkzeug zur Konstruktion von Wirklichkeit. Wie wir über Dinge sprechen, beeinflusst, wie wir sie erleben.

Sprachmuster können uns einschränken oder ermächtigen. Ein und dieselbe Erfahrung kann völlig anders erlebt werden, je nachdem, ob wir sagen: „Ich habe versagt" oder „Ich habe etwas ausprobiert, das nicht funktioniert hat". NLP analysiert und nutzt Sprache systematisch, um Denkstrukturen bewusst zu machen und Veränderung anzustoßen. Dabei kommen Modelle wie das Metamodell der Sprache und das Milton-Modell zur Anwendung, die helfen, unbewusste Sprachmuster zu erkennen und gezielt damit zu arbeiten.

Der dritte Begriff, „Programmieren", mag auf den ersten Blick irritieren, weil er an Computer erinnert. Gemeint ist damit jedoch, dass Menschen im Laufe ihres Lebens erlernte Muster entwickeln, die wie kleine Programme ablaufen. Diese Programme sind nicht festgelegt, sondern veränderbar. NLP unterstützt dabei, hinderliche Muster bewusst zu machen und durch neue, hilfreichere zu ersetzen. Das geschieht nicht durch Kontrolle oder Manipulation, sondern durch gezielte Interventionen, die an der Struktur des Erlebens ansetzen.

Lange Zeit wurde NLP vorgeworfen, es fehle an wissenschaftlicher Fundierung. Diese Kritik war in den Anfangsjahren nicht unberechtigt, denn viele Methoden wurden zunächst auf der Basis praktischer Beobachtungen entwickelt, ohne dass es systematische Studien dazu gab. Inzwischen jedoch hat sich die Lage deutlich verändert. In den letzten Jahren sind zahlreiche Studien erschienen, die zeigen, dass NLP-Methoden in verschiedenen Anwendungsbereichen wirksam sind. Besonders gut untersucht sind Techniken zur Zielklärung, zur Emotionsregulation, zur Arbeit mit Ängsten sowie zur Veränderung dysfunktionaler Denk- und Sprachmuster. Eine Metaanalyse aus dem Jahr 2022, veröffentlicht im Journal of Counseling Psychology, zeigte signifikante Effekte von NLP-basierten Interventionen bei der Behandlung von Angststörungen, bei Selbstwertproblemen sowie in der beruflichen Neuorientierung. Auch im Bereich der Gesundheitspsychologie finden NLP-Modelle zunehmend Beachtung, etwa im Rahmen von Resilienztrainings oder in der Prävention stressbedingter Erkrankungen. Es ist daher nicht mehr haltbar, NLP pauschal als unwissenschaftlich abzutun. Die Erkenntnisse der letzten Jahre zeigen klar, dass NLP-Methoden nicht nur intuitiv funktionieren, sondern auch messbare Effekte haben.

In der Praxis zeigt sich, dass NLP besonders dort wirksam ist, wo es um persönliche Entwicklung, um Zielarbeit, um Kommunikation und um Veränderung innerer Zustände geht. NLP hilft Menschen dabei, sich selbst besser zu verstehen, klarer zu kommunizieren, ressourcenorientierter zu denken und aktiv Einfluss auf ihr Erleben zu nehmen. Es ist eine Methode, die sofort anwendbar ist, die erfahrungsbasiert funktioniert und die nicht voraussetzt, dass man Psychologie studiert hat. NLP ist keine Magie, sondern ein Handwerk, das mit Achtsamkeit und Übung erlernt werden kann.

Gleichzeitig ist es wichtig, sich bewusst zu machen, was NLP nicht ist. Es ist kein Allheilmittel, keine schnelle Lösung für komplexe Probleme, keine Garantie für dauerhaften Erfolg. NLP ist auch keine Manipulationstechnik, wenn es verantwortungsvoll und ethisch eingesetzt wird. Es gibt leider Anbieter, die NLP für marktschreierische Versprechungen missbrauchen oder Menschen mit

Erfolgsversprechen locken, die jeder Grundlage entbehren. Dieses Buch distanziert sich klar von solchen unseriösen Ansätzen. NLP basiert auf Respekt, Freiwilligkeit, Transparenz und der Stärkung der Eigenverantwortung. Es geht nicht darum, Menschen zu steuern, sondern sie zu ermutigen, bewusster und freier zu leben.

Wenn du dich auf das Abenteuer NLP einlässt, wirst du nach und nach lernen, deine eigenen inneren Prozesse zu verstehen, zu beeinflussen und zu gestalten. Du wirst entdecken, dass du mehr Wahlmöglichkeiten hast, als du vielleicht vermutest. Du wirst erleben, wie Sprache wirkt, wie sich Perspektiven verschieben lassen und wie sich neue Handlungsspielräume eröffnen. NLP ist kein Ziel, sondern ein Weg. Ein Weg, der dich einlädt, mit Neugier, Offenheit und Verantwortung auf dich selbst und auf andere zu schauen. Wenn du bereit bist, genau hinzusehen, zu reflektieren, auszuprobieren und zu lernen, wirst du von NLP profitieren. Nicht weil es perfekt ist, sondern weil es praxisnah, lernbar und lebendig ist.

NLP ist nicht die Antwort auf alles, aber es stellt viele gute Fragen. Und oft ist es genau das, was Veränderung möglich macht.

Praxisimpuls: Deine persönliche Entdeckungsreise beginnt

Nimm dir ein paar Minuten Zeit, um dich mit folgenden Fragen schriftlich oder gedanklich auseinanderzusetzen. Vielleicht möchtest du dir ein Notizbuch für deine Reise mit NLP anlegen:

- Was bedeutet für dich persönlich Veränderung? Gibt es Veränderungen in deinem Leben, die du als besonders positiv erlebt hast?
- Welche Denk- oder Verhaltensmuster begleiten dich schon lange? Welche davon stärken dich? Welche engen dich vielleicht ein?
- Wie bewusst achtest du auf deine Sprache im Alltag - im Umgang mit dir selbst und mit anderen?
- Gibt es ein Ziel, das dich schon länger beschäftigt, das du aber bisher noch nicht konsequent verfolgt hast?
- Wenn du dir am Ende dieser NLP-Reise eine Fähigkeit wünschen dürftest - welche wäre das?

Veränderung beginnt nicht mit der Antwort, sondern mit einer guten Frage. Möge dieses Buch dir dabei helfen, deine ganz eigenen Fragen zu finden - und vielleicht auch einige Antworten, die du noch nicht kanntest.

Die Grundannahmen des NLP

Wenn man beginnt, sich mit NLP auseinanderzusetzen, begegnet man recht bald einem Begriff, der zunächst fast beiläufig wirkt und doch von entscheidender Bedeutung ist: die Grundannahmen. Wer mit NLP arbeitet, tut das nicht nur mit bestimmten Methoden, sondern auch mit einer ganz bestimmten Haltung. Diese Haltung ist nicht selbstverständlich. Sie ist auch nicht bloßes Beiwerk oder schmückendes Vorwort für die eigentlichen Werkzeuge. Sie ist vielmehr das Fundament, auf dem alles aufbaut, was in der NLP-Arbeit geschieht. Sie beeinflusst, wie wir Menschen sehen, wie wir mit ihnen in Kontakt treten, wie wir Veränderung denken und wie wir selbst mit uns umgehen. In einer Welt, in der viele Menschen gelernt haben, sich und andere über Fehler, Defizite oder Diagnosen zu definieren, wirken die Grundannahmen des NLP wie eine sanfte, aber radikale Einladung, anders zu schauen.

Die Grundannahmen des NLP sind keine wissenschaftlichen Beweisführungen, keine objektiven Tatsachen und keine unumstößlichen Wahrheiten. Es sind vielmehr nützliche Überzeugungen, die sich in der Praxis als hilfreich erwiesen haben. Sie wirken wie ein innerer Kompass. Man könnte auch sagen, sie sind Vorschläge für ein konstruktives Weltbild. Wenn du sie annimmst, und sei es nur für eine Weile, um zu beobachten, was passiert, kannst du erleben, wie sich dein Denken, Fühlen und Handeln verändert. NLP lädt dich dazu ein, diese Grundannahmen wie ein Modell zu betrachten, das du aufsetzen, ausprobieren und vielleicht behalten kannst, weil es dir nützt. So wie man sich eine Brille aufsetzt, nicht weil sie die Wahrheit zeigt, sondern weil sie den Blick schärft.

Eine der wohl bekanntesten Grundannahmen im NLP lautet: Die Landkarte ist nicht das Gebiet. Dieser Satz stammt ursprünglich aus der Allgemeinen Semantik von Alfred Korzybski und bringt auf den Punkt, dass jeder Mensch seine eigene Vorstellung von der Welt hat, aber diese Vorstellung niemals mit der Welt selbst identisch ist. Was wir für Realität halten, ist in Wirklichkeit nur ein inneres Modell davon, geprägt durch Erfahrungen, Sprache, Erziehung, Kultur, Erwartungen und viele andere Filter. Wenn zwei Menschen über dasselbe Thema sprechen, sprechen sie oft über zwei verschiedene Landkarten. Wenn sie streiten, liegt es häufig nicht daran, dass einer falsch liegt, sondern dass sie von unterschiedlichen Modellen ausgehen. Wer das versteht, hört auf, Recht haben zu wollen, und beginnt, neugierig zu werden. Neugierig auf die Welt des anderen, neugierig auf die Unterschiede, neugierig auf die Möglichkeiten, die sich zeigen, wenn man bereit ist, die eigene Landkarte nicht für die einzig richtige zu halten.

Diese Haltung, dass jedes Erleben subjektiv ist, verändert nicht nur die Kommunikation, sondern auch den Blick auf sich selbst. Denn auch das, was du über dich denkst - wer du bist, was du kannst, was du darfst, was du wert bist - ist eine Landkarte. Sie ist dir nicht angeboren, sondern erworben. Und das bedeutet: Sie ist veränderbar. Wer diese Erkenntnis zulässt, gewinnt Freiheit. Die Freiheit, neue Wege zu gehen, alte Überzeugungen zu hinterfragen und sich nicht auf das festzulegen, was bisher war.

Eine weitere zentrale Grundannahme im NLP lautet: Hinter jedem Verhalten steckt eine positive Absicht. Auf den ersten Blick mag diese Aussage irritieren. Wie kann es eine positive Absicht geben hinter Wut, Rückzug, Kontrolle, Aggression, Perfektionismus oder Angst? Die Antwort liegt nicht auf der Verhaltensebene, sondern auf der Ebene der Funktion. NLP geht davon aus, dass jedes Verhalten, selbst wenn es destruktiv wirkt, in seinem Ursprung einem inneren Bedürfnis dient. Vielleicht schützt die Wut vor Überforderung. Vielleicht sichert die Kontrolle ein Gefühl von Sicherheit. Vielleicht bewahrt das ständige Funktionieren vor dem Gefühl, überflüssig zu sein. Wenn du auf diese Weise beginnst zu fragen, verändert sich deine Haltung grundlegend. Du hörst auf, Verhalten zu bewerten, und beginnst, es zu verstehen. Du gehst nicht mehr in den Widerstand, sondern in die Beziehung. Und das gilt nicht nur für die Arbeit mit anderen Menschen, sondern auch für den Umgang mit dir selbst. Wenn du begreifst, dass auch deine sogenannten schlechten Gewohnheiten irgendwann einmal eine Funktion für dich hatten, kannst du beginnen, dich mit Mitgefühl zu betrachten. Und erst dann, wenn du diese Funktion erkannt und gewürdigt hast, wird Veränderung überhaupt möglich.

In enger Verbindung damit steht die Annahme, dass Menschen in jeder Situation die beste ihnen zur Verfügung stehende Wahl treffen. Das bedeutet nicht, dass es die objektiv beste Lösung war, sondern dass sie aus dem damaligen Erleben heraus die einzige gangbare erschien. Diese Annahme fordert dich auf, nicht zu urteilen, sondern zu verstehen. Sie lädt dich ein, hinter Verhalten keine Bosheit, Faulheit oder Unfähigkeit zu vermuten, sondern einen Menschen zu sehen, der mit seinen Mitteln versucht, ein Bedürfnis zu erfüllen. Und auch bei dir selbst wird diese Sichtweise vieles verändern. Wenn du erkennst, dass du in bestimmten Momenten nicht versagt, sondern gehandelt hast mit den Mitteln, die dir zur Verfügung standen, dann kannst du beginnen, diese Mittel zu erweitern, statt dich selbst zu verurteilen.

NLP geht außerdem davon aus, dass jeder Mensch bereits über alle Ressourcen verfügt, die er für eine gewünschte Veränderung braucht. Diese Ressourcen sind nicht immer sofort verfügbar, sie sind manchmal verschüttet, vergessen, verleugnet oder blockiert - aber sie sind da. Ressourcen können Erinnerungen sein, Fähigkeiten, Werte, Beziehungen, Haltungen oder auch innere Bilder, die dir Kraft geben. NLP unterstützt Menschen dabei, diese Ressourcen wiederzuentdecken, zu aktivieren und bewusst in neue Kontexte zu übertragen. Wer mit dieser Haltung arbeitet, wird nicht zum Retter oder Problemlöser, sondern zum Begleiter, der die Fähigkeiten sichtbar macht, die längst vorhanden sind.

Eine weitere Grundannahme des NLP betrifft die Kommunikation. Sie besagt: Die Bedeutung deiner Kommunikation liegt in der Reaktion, die sie hervorruft - nicht in deiner Absicht. Diese Haltung lädt dazu ein, Verantwortung für die Wirkung des eigenen Handelns zu übernehmen. Es geht nicht darum, Schuld zu verteilen, sondern darum, Kommunikation als lebendigen Prozess zu verstehen, der immer beidseitig ist. Wenn du feststellst, dass deine Botschaft nicht so ankommt, wie du sie gemeint hast, dann kannst du entweder darauf bestehen, dass du doch klar warst - oder du kannst dich fragen, wie du es anders ausdrücken kannst. Diese Flexibilität ist der Schlüssel zu gelingender Kommunikation. Wer erwartet, dass andere ihn verstehen müssen, weil er es doch so gemeint hat, bleibt oft allein. Wer bereit ist, Verantwortung für Missverständnisse mitzutragen, öffnet Türen. Und auch im inneren Dialog ist diese Haltung kraftvoll. Wenn du beginnst, achtsamer auf die Wirkung deiner inneren Sprache zu achten, auf die Tonlage, den Inhalt, die Bilder, die du in dir erzeugst, dann kannst du lernen, mit dir selbst in einer Weise zu sprechen, die dich stärkt statt schwächt.

Veränderung ist im NLP kein Zufall, sondern ein gestaltbarer Prozess. Die Annahme, dass Veränderung jederzeit möglich ist, steht im Zentrum dieser Arbeit. Dabei geht es nicht um schnellen Wandel oder das Versprechen ewiger Selbstoptimierung, sondern um die tiefe Überzeugung, dass Menschen nicht in ihren Mustern gefangen bleiben müssen. Wenn Verhalten erlernt wurde, kann es auch wieder verlernt oder neu strukturiert werden. Wenn eine Denkweise entstanden ist, kann sie auch hinterfragt und verändert werden. Wenn ein inneres Bild leidvoll ist, kann es durch ein neues ersetzt werden, das kraftvoller ist. NLP betrachtet Veränderung nicht als Ausnahme, sondern als natürlichen Bestandteil des Lebens. Wer sich dieser Dynamik öffnet, beginnt, Möglichkeiten zu sehen, wo vorher nur Wiederholungen waren.

Ein weiterer zentraler Aspekt betrifft das Verhältnis von Körper und Geist. NLP geht davon aus, dass beides nicht getrennt voneinander existiert, sondern sich wechselseitig beeinflusst. Wenn du deinen Körper veränderst, durch Atmung, Haltung, Bewegung oder Spannung, verändert sich auch dein Denken und Fühlen. Und umgekehrt wirkt jede innere Veränderung auf den Körper zurück. Wer angespannt denkt, atmet anders. Wer frei atmet, denkt anders. NLP nutzt diese Wechselwirkungen gezielt, um innere Zustände zu beeinflussen. Viele Interventionen beginnen mit einer kleinen körperlichen Veränderung - und führen dadurch zu erstaunlichen inneren Prozessen.

Nicht zuletzt formuliert NLP eine einfache, aber tiefgreifende Annahme: Wenn etwas nicht funktioniert, probiere etwas anderes. Diese Haltung fördert Kreativität, Flexibilität und Lösungsorientierung. Sie verhindert, dass du dich in Schuldfragen verstrickst oder in eingefahrenen Mustern stecken bleibst. Sie erinnert dich daran, dass es fast immer mehr als nur eine Möglichkeit gibt, mit einer Situation umzugehen. Und sie ermutigt dich, Verantwortung zu übernehmen - nicht im Sinne von Schuld, sondern im Sinne von Gestaltung.

Alle diese Grundannahmen zusammen ergeben ein Weltbild, das zutiefst menschenfreundlich ist. Es basiert auf Vertrauen, auf Neugier, auf Offenheit und auf der Überzeugung, dass Entwicklung möglich ist. Immer, überall, bei jedem Menschen. Wenn du mit dieser Haltung arbeitest, veränderst du nicht nur deine Kommunikation, sondern auch die Qualität deiner Beziehungen, deine innere Haltung zu dir selbst und die Art, wie du mit Herausforderungen umgehst. NLP wird dadurch mehr als eine Methode. Es wird zu einem Zugang, der den Menschen in seiner Ganzheit ernst nimmt - mit seinen Grenzen, aber auch mit seinem Potenzial.

Praxisimpuls: Deine Haltung erkunden

Nimm dir einen Moment Zeit, um in Ruhe über folgende Fragen nachzudenken oder sie schriftlich für dich zu beantworten. Du kannst sie auch mit in den Tag nehmen, um sie im Alltag weiterwirken zu lassen:

- Welche der Grundannahmen hat dich besonders angesprochen und warum?
- Gibt es eine Annahme, bei der du innerlich Widerstand gespürt hast? Was könnte dieser Widerstand bedeuten?
- Wie würde sich dein Alltag verändern, wenn du ganz bewusst mit der Haltung leben würdest, dass jeder Mensch seine eigene Landkarte hat?
- Wo in deinem Leben könntest du beginnen, bewusster auf deine Reaktionen zu achten und deine Kommunikation an der Wirkung zu messen?
- Wenn du eine Entscheidung treffen müsstest - und du wüsstest, dass Veränderung möglich ist - was würdest du heute anders tun?

Vielleicht wirst du feststellen, dass nicht jede Frage sofort eine Antwort braucht. Vielleicht reicht es, sie in dir wirken zu lassen. Und vielleicht beginnt Veränderung nicht mit dem, was du tust, sondern mit dem, was du zu glauben bereit bist: über dich, über andere, über das Leben selbst.

Die Welt durch deine Brille

Wenn du beginnst, dich mit NLP zu beschäftigen, wird dir sehr schnell bewusst, dass Wahrnehmung nicht nur ein Randthema ist, sondern das Tor, durch das du überhaupt erst Zutritt zur Welt bekommst. Alles, was du als Mensch erfährst, alles, was du fühlst, entscheidest, bewertest oder anstrebst, ist auf irgendeine Weise mit deiner Wahrnehmung verbunden. Sie ist dein Kontakt zur Außenwelt, aber auch zu dir selbst. Deine Sinne liefern dir fortlaufend Informationen über deine Umgebung, über andere Menschen, über deine körperlichen Zustände, über deine Gefühle, Gedanken und Impulse. Aber was bei dir ankommt, ist nicht einfach ein exaktes Abbild der Realität, sondern immer das Ergebnis eines komplexen, inneren Verarbeitungsprozesses. Du siehst nicht einfach etwas, sondern du interpretierst es. Du hörst nicht bloß einen Ton, sondern gibst ihm Bedeutung. Du spürst nicht nur Druck, sondern erweckst ihn zu einer Erfahrung, die emotional, erinnerungsbasiert und oft unbewusst strukturiert ist.

Wahrnehmung ist subjektiv. So selbstverständlich diese Aussage klingen mag, so tiefgreifend sind ihre Konsequenzen. Denn wenn du dir wirklich bewusst machst, dass du niemals die Welt direkt wahrnimmst, sondern nur deine eigene Version davon, dann verändert das alles. Es verändert deine Kommunikation, weil du beginnst zu verstehen, dass auch dein Gegenüber in seiner eigenen Welt lebt. Es verändert deinen Selbstbezug, weil du erkennst, dass viele deiner Überzeugungen, Urteile und Reaktionen weniger mit „der Wahrheit" zu tun haben, als mit der Brille, durch die du schaust. Und es verändert deine Möglichkeiten zur Veränderung, weil du aufhörst, das Erlebte als gegeben hinzunehmen, und beginnst, deine Filter zu erforschen und neu zu justieren.

NLP lädt dich genau dazu ein. Es fordert dich auf, deine eigenen Wahrnehmungsprozesse kennenzulernen, sie zu beobachten, zu hinterfragen und bewusst zu gestalten. In der NLP-Arbeit sprechen wir häufig von inneren Landkarten. Damit ist gemeint, dass jeder Mensch eine ganz persönliche Vorstellung davon hat, wie die Welt funktioniert. Diese Landkarte ist geprägt durch Erlebnisse, emotionale Prägungen, Sprache, Sozialisation, Vorbilder, Glaubenssätze, Bedürfnisse, Werte und viele weitere Einflüsse, die im Laufe des Lebens miteinander verwoben wurden. Deine Landkarte ist einzigartig. Sie ist ein Meisterwerk deines Bewusstseins, sorgfältig konstruiert, immer in Bewegung, aber nie identisch mit dem, was tatsächlich „draußen" passiert. Sie hilft dir, dich zurechtzufinden, Entscheidungen zu treffen, dich zu orientieren. Aber sie kann dich auch einschränken, verwirren oder blockieren, wenn du nicht bemerkst, wie sehr sie dein Denken bestimmt.

Wenn du zum Beispiel die Erfahrung gemacht hast, dass Menschen oft unzuverlässig sind, wird sich diese Erfahrung auf deine Wahrnehmung auswirken. Du wirst eher auf Indizien achten, die diese Sicht bestätigen. Du wirst misstrauischer auf Versprechen reagieren, die andere Menschen geben. Du wirst vielleicht sogar Verhalten anderer interpretieren, das gar nicht unzuverlässig gemeint ist, aber in dein inneres Bild passt. Und du wirst mit hoher Wahrscheinlichkeit genau jene Aspekte ausblenden, die deiner Erfahrung widersprechen. Dieser

Mechanismus ist nicht böse, sondern menschlich. Er schützt dich davor, jede neue Information von Grund auf zu überprüfen. Aber er kann auch dazu führen, dass du dich in deinem eigenen Weltbild immer weiter verfestigst - auch wenn es dir nicht mehr dient.

Die Filter, durch die du wahrnimmst, lassen sich auf verschiedenen Ebenen beschreiben. Im NLP spricht man unter anderem von Tilgung, Generalisierung und Verzerrung. Tilgung bedeutet, dass bestimmte Informationen vollständig ausgeblendet werden, weil sie für den Moment als unwichtig erscheinen. Generalisierung meint, dass du aus einzelnen Erfahrungen allgemeine Regeln ableitest, die du auf neue Situationen überträgst. Und Verzerrung beschreibt die Tendenz, Informationen so umzuformen, dass sie in das bestehende innere Modell passen. Diese drei Mechanismen sind nicht per se problematisch. Im Gegenteil, sie sind notwendig, damit dein Gehirn nicht überfordert wird. Aber sie sind auch der Schlüssel zu vielen Missverständnissen, Konflikten oder Blockaden - vor allem dann, wenn sie unbewusst ablaufen.

Wenn du NLP nicht nur als Technikensammlung, sondern als Zugang zu dir selbst verstehst, wirst du bald merken, dass der erste und wichtigste Schritt darin besteht, deine Wahrnehmung zu schärfen. Das bedeutet, dass du beginnst, genauer hinzuschauen, feiner hinzuhören, bewusster zu spüren. Es bedeutet, dass du lernst zu unterscheiden zwischen dem, was du siehst, und dem, was du darüber denkst. Zwischen dem, was du hörst, und dem, was du hineininterpretierst. Zwischen dem, was du fühlst, und dem, was du daraus machst.

Diese Unterscheidung ist nicht immer leicht, weil dein Gehirn in Millisekunden aus Sinneseindrücken Bedeutung konstruiert. Aber mit Übung, Achtsamkeit und der Bereitschaft zur Selbstreflexion kannst du beginnen, deine Wahrnehmung zu verlangsamen und in ihre Bestandteile zu zerlegen.

Ein zentrales Ziel in der Arbeit mit Wahrnehmung ist es, zwischen Beobachtung und Bewertung zu unterscheiden. Das klingt simpel, ist aber in der Praxis oft herausfordernd. Wenn du zum Beispiel sagst: „Du bist heute irgendwie abweisend", dann ist das keine reine Beobachtung, sondern bereits eine Interpretation. Die Beobachtung wäre: „Du hast mich beim Gespräch kaum angeschaut und eher kurz angebunden geantwortet." Das mag für dich auf Abweisung hindeuten, aber es könnte auch viele andere Gründe haben. Vielleicht ist dein Gegenüber müde, gestresst, traurig oder mit den Gedanken ganz woanders. Wenn du deine Beobachtungen klar benennst, ohne sofort eine Bedeutung hineinzugeben, schaffst du Raum für echtes Verstehen. Du erlaubst dir selbst und anderen, neue Informationen zu gewinnen, statt sofort ein Urteil zu fällen.

Diese Haltung der offenen, differenzierten Wahrnehmung ist in der NLP-Praxis essenziell. Sie bildet die Grundlage für Kalibrieren, für Rapport, für Sprachsensibilität und für jede Form von Veränderungsarbeit. Denn nur was bewusst wahrgenommen wird, kann auch verändert werden. Viele Menschen erleben, dass sich bestimmte Gefühle oder Verhaltensmuster hartnäckig halten, weil sie gar nicht merken, wann, wodurch und auf welche Weise sie überhaupt entstehen. Sie erleben nur die Wirkung, nicht die Entstehung. NLP hilft, diese Prozesse transparent zu machen. Indem du lernst, auf feine Signale in dir und anderen zu achten, entwickelst du ein Gespür für Muster, die vorher unsichtbar waren.

Wahrnehmung im NLP bedeutet auch, dich selbst besser kennenzulernen. Es geht nicht nur um die äußere Welt, sondern auch um deinen inneren Raum. Wie reagierst du auf bestimmte Situationen? Welche Reize lösen Stress aus? Woran merkst du, dass du dich wohlfühlst? Wie nimmt dein Körper Spannung oder Entspannung wahr? Welche inneren Bilder entstehen, wenn du an eine Herausforderung denkst? Welche Stimmen hörst du in deinem Kopf, wenn du zweifelst? All das sind Wahrnehmungsprozesse, die dein Erleben strukturieren. Je bewusster du sie erforschst, desto besser kannst du sie gestalten.

In der NLP-Ausbildung wirst du viele Übungen kennenlernen, die dich dabei unterstützen, deine Wahrnehmung zu trainieren. Du wirst lernen, mit geschlossenen Augen zu spüren, wie sich dein Körper verändert, wenn du an eine schöne Erinnerung denkst. Du wirst herausfinden, wie deine Atmung reagiert, wenn du dich unter Druck fühlst. Du wirst entdecken, welche Sinneskanäle bei dir besonders aktiv sind und wie du sie gezielt einsetzen kannst. Dieses Training ist keine Spielerei, sondern ein ernstzunehmender Entwicklungsweg. Es stärkt nicht nur deine Kommunikationsfähigkeit, sondern auch dein Selbstvertrauen, deine Empathie und deine Fähigkeit, mit anderen in Kontakt zu treten.

Wahrnehmung ist im NLP kein Mittel zum Zweck, sondern ein Ziel an sich. Denn je klarer du siehst, desto freier wirst du. Du wirst nicht mehr von automatischen Reaktionen gesteuert, sondern kannst wählen, wie du auf etwas reagieren willst. Du wirst nicht mehr Opfer deiner eigenen Bewertungen, sondern gestaltest bewusst, welche Bedeutung du einem Erlebnis gibst. Und du wirst sensibler für das, was zwischen den Worten geschieht, für das, was unausgesprochen bleibt, aber dennoch spürbar ist.

Wenn du beginnst, die Welt mit wacherem Blick zu sehen, wirst du erstaunt sein, wie viele Nuancen dir bisher entgangen sind. Du wirst Menschen anders zuhören, du wirst in Gesprächen nicht nur auf Inhalte achten, sondern auf Stimmungen, Körpersprache, Pausen, auf das, was zwischen den Zeilen mitschwingt. Du wirst merken, dass Worte nicht immer das Entscheidende sind, sondern oft das Unausgesprochene die größere Bedeutung hat. Du wirst anfangen, dich selbst zu beobachten, ohne dich zu verurteilen. Du wirst erkennen, dass in dir eine feine Instanz lebt, die spürt, bevor du denkst, die fühlt, bevor du verstehst, die wahrnimmt, bevor du reagierst. Wenn du dieser Instanz Raum gibst, beginnst du, bewusster zu leben.

Praxisimpuls: Die Welt mit neuen Augen sehen

Nimm dir in den kommenden Tagen bewusst Zeit für Beobachtung. Suche dir eine alltägliche Situation - ein Gespräch, einen Spaziergang, einen Einkauf, einen Moment für dich allein - und entscheide dich, für zehn Minuten nur zu beobachten, ohne zu bewerten. Was siehst du? Was hörst du? Was spürst du in deinem Körper? Welche Gedanken tauchen auf, wenn du versuchst, einfach nur wahrzunehmen? Notiere dir anschließend:

- Was hast du wahrgenommen, das dir vorher nie aufgefallen war?
- An welcher Stelle hast du gemerkt, dass du in eine Bewertung gerutscht bist?
- Was hat sich verändert, als du dich bewusst wieder auf die reine Beobachtung konzentriert hast?
- Wie fühlt es sich an, mit dieser Haltung durch den Alltag zu gehen?
- Welche kleinen Entdeckungen hast du gemacht, die dich überrascht oder erfreut haben?

Vielleicht ist es genau diese bewusste Wahrnehmung, die dir neue Türen öffnet. Nicht die großen Antworten, sondern die kleinen, klaren Beobachtungen. Und vielleicht beginnt Veränderung genau dort, im stillen Sehen, im aufmerksamen Hinhören, im feinen Spüren.

VAKOG: Die fünf Sinne als Zugang zur inneren Welt

Kaum ein anderes Modell im NLP eröffnet so rasch einen Zugang zur inneren Erlebniswelt des Menschen wie das sogenannte VAKOG-Modell. Hinter diesem unscheinbaren Begriff verbirgt sich ein tiefgreifendes Verständnis davon, wie Menschen ihre Wirklichkeit konstruieren, strukturieren und ausdrücken. VAKOG ist mehr als ein Akronym, das für die fünf Sinneskanäle steht, über die wir unsere Umwelt und uns selbst wahrnehmen: **V**isuell, **A**uditiv, **K**inästhetisch, **O**lfaktorisch und **G**ustatorisch. Es ist ein Weg, die Vielfalt des menschlichen Erlebens sichtbar und nutzbar zu machen. Wer sich mit VAKOG beschäftigt, beginnt, die Welt differenzierter zu sehen, sich selbst feiner zu spüren und andere präziser wahrzunehmen.

Die fünf Repräsentationssysteme dienen dabei nicht nur der äußeren Orientierung, sondern auch der inneren Organisation unserer Gedanken, Gefühle und Erinnerungen. Was wir denken, erinnern oder erwarten, ist nicht losgelöst von den Sinnen, sondern eng mit ihnen verbunden. Gedanken bestehen aus inneren Bildern, inneren Stimmen, inneren Körperempfindungen. Erinnerungen haben Farben, Klänge, Tempi, Raumdimensionen. Selbst Gefühle, die oft als diffus erlebt werden, lassen sich durch sinnesspezifische Beschreibung differenzieren. Genau hier beginnt die Arbeit mit VAKOG - bei der Erforschung der Art und Weise, wie innere Erfahrungen zusammengesetzt sind und wie sie über die Sinne beeinflusst werden können.

Jeder Mensch nutzt alle fünf Sinne, aber nicht in gleichem Maße und nicht in allen Situationen gleich stark. Manche Menschen denken in Bildern, andere in Tönen, manche in Körperempfindungen. Die einen verarbeiten Informationen visuell, brauchen Farben, Formen und räumliche Strukturen, um sich zu orientieren. Die anderen hören auf Zwischentöne, Tonlagen, Sprachmelodien. Wieder andere verlassen sich auf ihr Bauchgefühl, auf Druck, Temperatur, Bewegung. All das gehört zur natürlichen Vielfalt menschlicher Wahrnehmung. NLP nutzt diese Vielfalt, indem es die bevorzugten Repräsentationssysteme erkennbar macht, sprachlich aufgreift und gezielt anspricht.

Beginnen wir beim visuellen System. Es ist für viele Menschen der dominierende Zugang zur Welt. Visuell orientierte Menschen denken in Bildern, erinnern sich an Szenen, speichern Informationen als Standbild oder Filmsequenz. Sie sprechen in Metaphern, benutzen Wörter wie sehen, beobachten, erkennen, im Blick behalten, durchschauen. Sie organisieren ihre Gedanken häufig in räumlichen Strukturen. Sie bevorzugen es, Informationen grafisch darzustellen oder sich Dinge bildhaft vorzustellen. Im Coaching oder Beratungskontext äußert sich das oft darin, dass Klient:innen von inneren Bildern sprechen oder visuelle Vergleiche nutzen. Wer mit visuellen Menschen arbeitet, tut gut daran, ebenfalls bildhaft zu kommunizieren, denn das erzeugt Resonanz. Anstatt zu fragen, wie sich etwas anfühlt, kann man fragen: Wie sieht es für dich aus, wenn es gelöst ist?

Das auditive System steht für alles, was mit Hören, Tönen, Stimmen, Musik, Geräuschen oder Sprachmelodie zu tun hat. Auditiv geprägte Menschen achten stark auf das, was gesagt wird - aber auch auf das Wie. Sie erinnern sich an Gesprächsverläufe, zitieren genau, analysieren Wortwahl und Tonfall. Ihre Sprache enthält oft Ausdrücke wie klingt gut, das hört sich falsch an, das sagt mir nichts, das ist Musik in meinen Ohren. In der Arbeit mit auditiven Menschen ist es sinnvoll, die Sprache ebenso genau und bewusst zu gestalten. Statt nach einem inneren Bild zu fragen, könnte man sagen: Was müsstest du hören, um dich sicher zu fühlen? Oder: Wenn diese Situation eine Musik wäre, wie würde sie klingen?

Kinästhetisch geprägte Menschen nehmen die Welt über Berührung, Bewegung, körperliches Erleben und innere Empfindungen wahr. Sie drücken sich mit Begriffen aus wie greifen, fühlen, schwer, leicht, Druck, Spannung, Entlastung. Sie brauchen oft mehr Zeit, um Informationen zu verarbeiten, weil sie nicht über Bilder oder Worte gehen, sondern über Körperempfinden. Entscheidungen entstehen hier eher aus dem Bauch heraus, weniger durch Abwägen oder Visualisieren. Das bedeutet nicht, dass kinästhetische Menschen irrational sind, sondern dass ihre innere Verarbeitung stärker über Gefühle und Körperempfindungen läuft. Wenn du mit solchen Menschen arbeitest, achte darauf, dass deine Sprache körperlich erfahrbar bleibt. Du kannst fragen: Wo in deinem Körper spürst du das? Was verändert sich, wenn du dich auf eine andere Lösung einlässt?

Die olfaktorischen und gustatorischen Systeme, also Geruch und Geschmack, werden im NLP meist weniger betont, doch sie haben durchaus Bedeutung. Ein Duft kann eine Erinnerung mit enormer emotionaler Ladung hervorrufen. Der Geschmack eines bestimmten Gerichts kann ein Gefühl von Geborgenheit aktivieren, das über Jahrzehnte im Körper gespeichert ist. In der Praxis begegnen dir diese Sinne vor allem in ressourcenaktivierenden Prozessen. Wenn du jemanden begleitest, der über einen bestimmten Duft in ein Gefühl von Sicherheit findet, kann dieser Sinn gezielt als Anker verwendet werden.

VAKOG ist deshalb so bedeutsam, weil es dir einen systematischen Zugang zu den inneren Repräsentationen von Menschen gibt. Wenn du weißt, in welchem System jemand bevorzugt denkt oder fühlt, kannst du deine Sprache, deine Interventionen und deine Beziehungsgestaltung darauf abstimmen. Du erzeugst Resonanz, weil du dich auf das System des anderen einlässt. NLP nennt das Pacing auf der Repräsentationsebene. Es bedeutet, dass du nicht nur inhaltlich zuhörst, sondern auch die Struktur des inneren Erlebens aufnimmst und spiegelst. Wenn dein Gegenüber mit Bildern arbeitet, arbeite mit Bildern. Wenn er über Geräusche spricht, bleib im Klang. Wenn sie körperliche Empfindungen benennt, geh mit deiner Sprache in den Körper.

Gleichzeitig ist VAKOG auch ein Werkzeug zur Selbstreflexion. Du kannst damit erforschen, wie du selbst Erlebnisse speicherst und strukturierst. Denk zum Beispiel an ein Erlebnis, das für dich unangenehm war. Vielleicht siehst du dabei ein bestimmtes Bild, groß, nah, scharf. Oder du hörst einen inneren Satz, in bestimmtem Tonfall. Oder du spürst eine körperliche Enge, in Brust oder Bauch. Wenn du dieses Erlebnis nun veränderst, nicht inhaltlich, sondern strukturell, passiert oft etwas Erstaunliches. Du machst das Bild kleiner, oder unscharf, oder weiter weg. Du veränderst den Tonfall, drehst ihn leiser, gibst ihm eine andere Stimme. Du nimmst den Druck aus der Körperstelle und ersetzt ihn durch Wärme oder Weite. Und oft verändert sich dabei auch das emotionale Erleben, ohne dass der Inhalt angetastet wurde.

Diese Arbeit mit Submodalitäten, also den feinen Unterschieden innerhalb der Repräsentationssysteme, ist ein besonders kraftvoller Teil des NLP. Sie zeigt, dass nicht das „Was" unserer Gedanken entscheidend ist, sondern das „Wie". Nicht nur, dass du an etwas denkst, sondern wie du daran denkst, bestimmt, wie du dich dabei fühlst. Wer diese Mechanismen versteht, kann sie zur Veränderung, zur Stabilisierung, zur Gestaltung von inneren Zuständen nutzen. VAKOG wird dadurch nicht nur zu einem Modell der Wahrnehmung, sondern zu einem Instrument der bewussten Selbststeuerung.

Darüber hinaus eröffnet dir VAKOG eine neue Art des Zuhörens. Wenn du beginnst, im Gespräch auf die Repräsentationssysteme zu achten, wird Kommunikation lebendiger. Du hörst nicht mehr nur den Inhalt, sondern auch die Struktur des Denkens. Du achtest auf sprachliche Marker: Wörter, die Hinweise geben, welches System gerade aktiv ist. Du spürst, wo du dich mitbewegen kannst, wo du dich angleichen kannst, wo du gezielt wechseln kannst, um neue Impulse zu setzen. Diese Art der Kommunikation ist präzise, empathisch und tief, weil sie sich an der inneren Logik des anderen orientiert.

VAKOG ist kein statisches Modell, sondern ein lebendiger Zugang zu einem dynamischen Prozess. Es lädt dich ein, die Vielfalt deiner eigenen Sinneskanäle wiederzuentdecken und achtsamer mit dem inneren Erleben anderer umzugehen. Es schenkt dir neue Ausdrucksformen, weil du beginnst, mit allen Sinnen zu denken. Und es zeigt dir Wege, wie du durch feine Veränderungen in der Art der Wahrnehmung auch dein inneres Erleben gestalten kannst, kraftvoll, kreativ und bewusst.

Praxisimpuls: Mit allen Sinnen leben

Nimm dir in dieser Woche jeden Tag einen Sinneskanal besonders vor, nicht um die anderen auszublenden, sondern um deine Aufmerksamkeit gezielt zu lenken. Montags könntest du dich ganz dem Sehen widmen. Nimm Farben, Formen, Bewegungen bewusster wahr. Dienstags achte auf Klänge, Stimmen, Geräusche, Stille, Musik. Mittwochs geh in den Körper, spüre Temperatur, Spannung, Druck, Bewegungen. Donnerstags nimm Gerüche wahr, die deiner Umgebung, die deiner Kleidung, die deiner Nahrung. Freitags konzentriere dich auf Geschmack, nicht nur beim Essen, sondern auch im übertragenen Sinn. Und am Wochenende verbinde alles miteinander. Frag dich:

- Welcher Sinneskanal fällt dir leicht? Welcher ist dir eher fremd?
- Was hast du neu entdeckt, als du dich auf einen Sinn konzentriert hast?
- Wie verändert sich deine Wahrnehmung, wenn du mehrere Kanäle bewusst gleichzeitig nutzt?
- In welchen Momenten fühlst du dich am meisten präsent, und mit welchem Sinn?
- Wie könntest du dieses bewusste Wahrnehmen in deinen Alltag integrieren?

Vielleicht wirst du feststellen, dass es nicht darum geht, etwas zu „optimieren", sondern dich zu erinnern. Daran, dass du ein fühlendes, hörendes, sehendes, riechendes, schmeckendes Wesen bist, und dass in der bewussten Rückverbindung zu deinen Sinnen ein Schlüssel liegt, zu mehr Gegenwart, mehr Kontakt und mehr Lebendigkeit.

Submodalitäten verstehen und verändern

Im NLP bauen viele Methoden auf dem Verständnis der fünf Sinneskanäle auf, die du bereits als VAKOG kennengelernt hast, also visuell, auditiv, kinästhetisch, olfaktorisch und gustatorisch. Doch unsere inneren Bilder, Klänge, Gefühle, Gerüche und Geschmäcker bestehen nicht nur aus dem Kanal an sich, sondern auch aus einer Vielzahl feiner Eigenschaften, die das innere Erleben maßgeblich prägen. Diese Detailmerkmale nennen wir Submodalitäten. Sie gehören zu den feinsten und zugleich wirkungsvollsten Werkzeugen des NLP. Sie ermöglichen es, das subjektive Erleben gezielt zu beeinflussen und zu gestalten. Wer versteht, wie Erlebnisse innerlich strukturiert sind, kann nicht nur eigene Gedanken und Gefühle bewusster wahrnehmen, sondern auch auf tiefer Ebene verändern.

Submodalitäten sind die spezifischen Eigenschaften der Repräsentationssysteme. Das bedeutet: Alles, was wir denken, erinnern oder uns vorstellen, erscheint uns in inneren Bildern, Klängen, Körpergefühlen, Gerüchen oder Geschmäckern, also in Sinnesmodalitäten. Jede dieser Modalitäten besitzt eigene Detailmerkmale, eben jene Submodalitäten. Ein inneres Bild kann beispielsweise hell oder dunkel, groß oder klein, farbig oder schwarzweiß, bewegt oder starr sein. Ein innerer Klang kann laut oder leise, klar oder verzerrt, nah oder fern sein. Ein Gefühl kann schwer oder leicht, warm oder kalt, drückend oder fließend erlebt werden.

Diese Unterschiede in der subjektiven Codierung sind entscheidend dafür, wie stark wir ein Erlebnis empfinden, wie wir darauf reagieren und welche Bedeutung wir ihm beimessen. Die Submodalitäten wirken wie eine Art Regler, mit denen wir die Intensität, Nähe und Wirkung innerer Erfahrungen verändern können. Dasselbe Ereignis kann je nach Submodalitätsstruktur eine völlig andere emotionale Wirkung entfalten, so wie ein Film einmal als packendes Drama und ein anderes Mal als verblasste Erinnerung erscheinen kann.

Stell dir zum Beispiel vor, du denkst an ein unangenehmes Gespräch mit einer Kollegin, bei dem du dich übergangen gefühlt hast. Wenn das innere Bild dieses Gesprächs groß, farbig, scharf und direkt vor deinem inneren Auge steht, wirst du dich vermutlich wieder stark hineinziehen lassen. Die Worte klingen in deinem Kopf laut und deutlich, der Tonfall möglicherweise abwertend, und du spürst eine körperliche Reaktion, vielleicht eine Enge in der Brust oder ein Druck im Magen.

Nun beginne, die Submodalitäten dieses inneren Erlebnisses zu verändern. Mache das Bild kleiner, wie einen entfernten Fernsehbildschirm. Verringere die Farbsättigung, bis es in Grautönen erscheint. Lass den Ton leiser werden, so als würdest du durch eine dicke Scheibe hören. Bewege das Bild langsam an den Rand deines inneren Blickfelds. Vielleicht drehst du es leicht weg oder veränderst den Bildausschnitt, sodass du die Szene nicht mehr frontal, sondern aus der Distanz siehst. Spüre, wie sich dein Gefühl dazu verändert. Für viele Menschen führt diese Veränderung zu einer spürbaren inneren Erleichterung. Das belastende Erlebnis verliert an Macht, ohne dass der Inhalt verdrängt oder verleugnet werden muss.

Dieses Vorgehen lässt sich auf viele Erlebnisse anwenden, auf peinliche Erinnerungen, belastende Selbstbilder, wiederkehrende Sorgen oder übergroße Zukunftsängste. Die Submodalitäten geben dir ein Steuerpult in die Hand, mit dem du dein inneres Erleben aktiver und bewusster gestalten kannst.

Im NLP lernen wir, mit diesen inneren Eigenschaften gezielt zu arbeiten. Die Veränderung von Submodalitäten, auch bekannt als Submodalitätenintervention, ermöglicht es, innere Erlebnisse neu zu organisieren. Oft braucht es dafür keine langen Gespräche oder tiefen Analysen. Eine kleine Veränderung im inneren Film kann genügen, um eine große Wirkung zu entfalten. NLP geht davon aus, dass nicht das Ereignis an sich das Gefühl bestimmt, sondern die Art und Weise, wie dieses Ereignis im Gehirn abgespeichert ist. Und genau hier setzen die Submodalitäten an.

Ein klassisches Format ist die sogenannte Swish-Technik. Dabei wird ein unangenehmes inneres Bild, etwa eine belastende Selbstvorstellung, durch ein motivierendes, positives Bild ersetzt. Der Trick liegt in der Veränderung der Submodalitäten. Das unangenehme Bild wird klein, dunkel und nach hinten gezogen, während das erwünschte Bild hell, groß, nah und energievoll nach vorne geblitzt wird. Dieser blitzschnelle Austausch verändert das Gefühl zur Situation und damit auch das Verhalten. Menschen, die sich zum Beispiel selbst immer wieder in einer ängstlichen oder beschämten Rolle sehen, können durch gezielte Submodalitätsarbeit lernen, sich selbst in einer stärkeren, zuversichtlicheren Haltung zu erleben.

Die Arbeit mit Submodalitäten erfordert feine Wahrnehmung und präzise Sprache. NLP-Anwender:innen stellen
gezielte Fragen: Ist das Bild hell oder dunkel, ist die
Stimme laut oder leise, ist das Gefühl beweglich oder
fest. Sie helfen dabei, innere Repräsentationen bewusster zu machen. Diese Bewusstwerdung ist oft schon der
erste Schritt zur Veränderung. Ein Coach könnte etwa
fragen: Wenn du an dein Ziel denkst, ist das Bild dazu
nah oder fern. Wenn du es näher heranholst, verändert
sich deine Motivation?

Ein weiterer Einsatzbereich ist die Ressourcenarbeit. Positive Erinnerungen können durch Veränderungen in
den Submodalitäten noch kraftvoller gemacht werden.
Ein unterstützendes inneres Bild, das bisher klein und
undeutlich war, kann durch Vergrößerung, mehr Farbe
und Bewegung intensiver erlebt werden. Umgekehrt
können belastende Vorstellungen durch Abschwächung
der Submodalitäten an Wirkung verlieren. Diese Arbeit
geschieht respektvoll und orientiert sich immer an der
inneren Reaktion der Person. Ziel ist nicht, Inhalte zu
manipulieren, sondern die emotionale Beziehung zu
ihnen konstruktiv zu gestalten.

Ein konkretes Beispiel: Eine Klientin erinnert sich an eine
Situation, in der sie sich bloßgestellt fühlte. Das Bild erscheint ihr groß, grell und sie hört die Stimmen der anderen laut und spöttisch. Durch Submodalitätsarbeit
verändert sie das Bild. Sie macht es kleiner, dimmt die
Farben, stellt sich vor, die Stimmen klingen dumpf wie
durch eine Glasscheibe. Nach wenigen Minuten spürt

sie, dass der emotionale Druck abnimmt. Sie kann freier atmen und fühlt sich handlungsfähiger.

Submodalitäten sind in gewisser Weise die Sprache des inneren Erlebens. Sie bilden die Struktur dessen, was wir erleben, erinnern und erwarten. Sie sind der Code, in dem unsere inneren Filme und Tonspuren abgespeichert sind. Wer diesen Code kennt, kann ihn lesen und verändern. Damit öffnet sich ein Raum für Selbststeuerung, emotionale Freiheit und kreative Neugestaltung.

Die Wirkung dieser Arbeit zeigt sich oft unmittelbar. Ein Gedanke, der eben noch schwer und drückend war, kann plötzlich leicht werden. Eine Erinnerung, die lähmte, kann verblassen. Ein Ziel, das fern erschien, kann durch veränderte innere Darstellung näher rücken. All das geschieht nicht durch äußere Ereignisse, sondern durch die Veränderung der inneren Landkarte. Besonders eindrücklich wird das, wenn Menschen nach einer Intervention berichten: Es fühlt sich an, als hätte ich das Thema losgelassen, oder: Ich kann das Bild nicht mehr so zurückholen wie vorher, und das ist gut so.

Praxisimpuls: Den inneren Film bewusst steuern

- Denke an eine belastende Erinnerung oder eine unangenehme Vorstellung. Schließe die Augen und beobachte, wie du sie innerlich wahrnimmst. Wo befindet sich das Bild? Ist es farbig oder schwarz-weiß, groß oder klein, nah oder fern, bewegt oder starr?
- Verändere einzelne Eigenschaften des inneren Bildes. Mach es kleiner, rücke es weiter weg. Stell dir vor, du drehst den Ton leiser oder veränderst den Kontrast. Wie wirkt sich das auf dein Gefühl aus?
- Denke jetzt an eine positive Erinnerung oder eine unterstützende Vorstellung. Wie sieht dieses innere Bild aus? Welche Submodalitäten machen es kraftvoll?
- Vergrößere das Bild, mach es heller, lebendiger, näher. Spüre, wie sich dein inneres Erleben dadurch verändert.
- Experimentiere mit verschiedenen Submodalitäten, bei Bildern, Klängen oder Gefühlen, und beobachte, wie schnell sich deine Stimmung, deine Motivation oder dein innerer Fokus verändern kann.

Die Arbeit mit Submodalitäten ist ein feines, aber kraftvolles Instrument. Sie zeigt, dass Veränderung nicht schwer sein muss. Oft genügt eine bewusste Veränderung der inneren Einstellung, der Perspektive und der Gestaltung unserer mentalen Bilderwelt. Submodalitäten sind keine Theorie, sondern erlebbarer Wandel. Sie sind spürbar, erfahrbar und unmittelbar wirksam.

Verstehen beginnt mit Wahrnehmen

Eines der faszinierendsten Elemente in der Arbeit mit NLP ist die Entwicklung eines präzisen, aufmerksamen und differenzierten Blicks für das, was zwischen den Zeilen geschieht. Oft sind es nicht die Worte, die den entscheidenden Hinweis geben, sondern das, was unausgesprochen bleibt. Eine kleine Veränderung in der Mimik, eine Nuance in der Stimme, ein kaum wahrnehmbares Innehalten, ein Wimpernschlag, der in einem bestimmten Moment anders ist als sonst - all das sind Hinweise auf das innere Erleben eines Menschen. NLP nennt diesen Prozess Kalibrieren, und auch wenn das Wort zunächst technisch klingt, beschreibt es in Wahrheit eine zutiefst menschliche Fähigkeit: das feine, wertfreie Beobachten von Zuständen, Veränderungen und Resonanz.

Kalibrieren bedeutet im ursprünglichen Wortsinn das Justieren eines Instruments, das genaue Einstellen eines Messgeräts, damit es verlässlich funktioniert. In der Welt des NLP übertragen wir diesen Begriff auf unsere Wahrnehmungsfähigkeit. Du selbst bist das Instrument. Dein Körper, deine Sinne, dein Gespür, deine Aufmerksamkeit, deine Intuition, all das ist Teil dieses inneren „Messgeräts", das du im Laufe deines Lebens aufgebaut hast. Kalibrieren heißt, dieses Instrument zu verfeinern. Es bedeutet, mit größter Achtsamkeit zu beobachten, wie sich der Zustand eines Menschen zeigt, wie sich etwas in ihm ausdrückt, wie sich etwas verändert. Und es heißt, dies ohne Interpretation, ohne Bewertung und ohne voreilige Schlussfolgerung zu tun.

Diese Art der Wahrnehmung ist für viele Menschen ungewohnt. In unserem Alltag sind wir oft so sehr auf Inhalte fixiert, dass wir die nonverbale Ebene fast übersehen. Wir hören auf die Worte, aber nicht auf die Stimme. Wir achten auf das Gesagte, aber nicht auf die Pause davor. Wir konzentrieren uns auf den Satzbau, aber nicht auf das Zögern, das ihm vorausging. Kalibrieren bedeutet, all diese Signale bewusst wahrzunehmen. Es ist ein Training in Präsenz. Ein Übungsweg, der dich lehrt, die Welt nicht nur mit den Ohren, sondern mit dem ganzen Körper zu hören. Nicht nur mit den Augen zu sehen, sondern mit deinem ganzen Wesen.

Wenn du mit anderen Menschen arbeitest, im Coaching, in der Beratung, in der Therapie, in der Pädagogik oder in der Kommunikation, ist Kalibrieren eine Schlüsselkompetenz. Denn es erlaubt dir, nicht nur auf das zu reagieren, was gesagt wird, sondern auf das, was wirklich geschieht. Du kannst beobachten, wie sich ein innerer Zustand verändert, bevor es dein Gegenüber überhaupt bemerkt. Du kannst spüren, wann sich jemand öffnet, wann er in Kontakt geht, wann er sich zurückzieht. Du kannst wahrnehmen, wie sich die Stimme verändert, wenn ein Thema emotional wird, wie sich der Blick verhärtet, wenn ein alter Schmerz berührt wird, wie die Atmung tiefer wird, wenn sich etwas löst. All diese Phänomene sind Ausdruck innerer Prozesse. Und wer sie wahrnehmen kann, kann sie auch begleiten.

Kalibrieren ist keine Interpretation. Es geht nicht darum, zu wissen, was etwas bedeutet, sondern darum, genau zu beobachten, was ist. Wenn du siehst, dass jemand seinen Kopf senkt, heißt das zunächst nur: Die Person senkt ihren Kopf. Was das bedeutet, ist offen. Es kann Nachdenklichkeit sein, Scham, Müdigkeit, Unklarheit oder etwas ganz anderes. Erst wenn du wiederholt beobachtet hast, wie sich bestimmte innere Zustände in bestimmtem Verhalten zeigen, kannst du Zusammenhänge herstellen. Aber auch dann bleibst du offen für neue Informationen. NLP geht hier ganz bewusst den Weg der Neugier, nicht der Deutung. Kalibrieren ist eine Haltung des aufmerksamen Nicht-Wissens. Du beobachtest, ohne zu erklären. Du benennst, ohne zu analysieren. Du bleibst beim Phänomen, nicht bei der Geschichte.

In der Praxis bedeutet Kalibrieren, dass du dir zunächst einen sogenannten Ausgangszustand merkst. Du beobachtest, wie ein Mensch in einem neutralen, entspannten oder gewohnten Zustand wirkt. Du achtest auf seine Atmung, auf seine Körperhaltung, auf seinen Gesichtsausdruck, auf die Muskelspannung, auf seine Stimme, auf die Bewegungen der Augen, der Hände, der Schultern. Du nimmst wahr, wie diese Person sitzt oder steht, wie sie schaut, wie sie zuhört. Du prägst dir diesen Zustand nicht im Sinne eines Urteils ein, sondern als inneres Referenzbild. So wie ein Musiker ein Instrument stimmt, indem er den Grundton kennt, stimmst du deine Wahrnehmung auf den Menschen ein, den du begleitest.

Wenn sich dann etwas verändert - sei es durch ein bestimmtes Thema, eine Erinnerung, eine Frage, eine Intervention oder auch durch äußere Einflüsse -, kannst du beobachten, was sich im Ausdruck verändert. Vielleicht verlangsamt sich die Atmung, vielleicht verändert sich die Stimme, vielleicht wird der Blick leer oder konzentriert, vielleicht verändert sich die Spannung im Gesicht, die Position der Schultern oder die Bewegungsfrequenz der Hände. All das sind Hinweise auf eine innere Veränderung. Diese Hinweise zu erkennen, zu benennen und zu nutzen, ist der Kern des Kalibrierens. Wichtig dabei ist, dass du nicht versuchst, diese Zeichen zu deuten. Es geht nicht darum, sofort zu wissen, was ein bestimmtes Verhalten bedeutet. Es geht darum, in Kontakt zu sein. Wenn du zum Beispiel im Gespräch eine plötzliche Veränderung bemerkst, etwa dass dein Gegenüber innehält, blinzelt, leiser wird, kannst du schlicht fragen: Was ist gerade passiert? Oder: Woran hast du gerade gedacht? Oder du lässt den Moment wirken, ohne ihn zu kommentieren, aber mit voller Präsenz. Kalibrieren bedeutet nicht, ständig zu intervenieren, sondern zu spüren, wann Präsenz reicht, wann Raum entsteht und wann ein Impuls sinnvoll ist.

Kalibrieren lässt sich trainieren. Es ist keine geheimnisvolle Gabe, sondern eine Fähigkeit, die jeder Mensch entwickeln kann. Viele Menschen verfügen bereits über eine hohe intuitive Wahrnehmung, nutzen sie aber nicht bewusst. Andere sind durch Erfahrungen, Erziehung oder Beruf so sehr im kognitiven Modus verankert, dass sie ihre Wahrnehmung systematisch zurückgehalten haben. NLP bietet hier einen konkreten Lernweg. In Übungen wirst du eingeladen, dich auf einzelne Sinneskanäle zu konzentrieren, das Sehen, das Hören, das Spüren, und sie zu schärfen. Du lernst, auf Mikroveränderungen zu achten, auf Pausen, auf Rhythmus, auf Tonlage, auf Blickverhalten, auf Bewegungsimpulse. Du lernst, dich innerlich zu sammeln, zu fokussieren und mit deinem Gegenüber in Resonanz zu gehen, ohne dich zu verlieren.

Kalibrieren ist auch eine Form von Achtsamkeit. Es bringt dich in den Moment. Es fordert dich auf, präsent zu sein - nicht mit deinem Urteil, sondern mit deiner Aufmerksamkeit. In einer Zeit, in der viele Gespräche schnell, funktional oder von vorgefertigten Erwartungen geprägt sind, wirkt Kalibrieren fast wie ein stilles Gegenmittel. Es entschleunigt. Es verbindet. Es öffnet. Und es schafft Vertrauen. Denn wer merkt, dass er wirklich gesehen wird, nicht durch Analyse, sondern durch aufmerksame Gegenwärtigkeit, fühlt sich wahrgenommen in seiner Tiefe. Diese Erfahrung ist oft heilender als jedes kluge Wort.

In der Arbeit mit Gruppen oder Teams spielt Kalibrieren ebenfalls eine wichtige Rolle. Wenn du in der Lage bist, die Dynamik in einem Raum zu spüren, die Stimmung zu erfassen, die Energieveränderungen zu bemerken, kannst du anders intervenieren. Du kannst deinen Ablauf anpassen, du kannst deinen Ton verändern, du kannst mit deiner Körperhaltung eine andere Wirkung erzielen. Kalibrieren bedeutet nicht nur, Einzelne zu begleiten, sondern auch Gruppen zu führen, ohne sie zu kontrollieren. Es ist ein Führen durch Wahrnehmung, nicht durch Druck.

Auch im Selbstkontakt ist Kalibrieren eine kraftvolle Methode. Wenn du lernst, dich selbst zu kalibrieren, beginnst du, deine inneren Zustände differenzierter wahrzunehmen. Du bemerkst früher, wann du dich verspannst, wann du unkonzentriert wirst, wann du aus dem Gleichgewicht gerätst. Und du kannst früher gegensteuern. Du lernst, wie sich dein Körper anfühlt, wenn du ruhig bist, wie sich dein Atem verändert, wenn du gestresst bist, wie deine Stimme klingt, wenn du wirklich verbunden bist mit dir. Diese Selbstwahrnehmung ist nicht nur für deine eigene Entwicklung wichtig, sondern auch für deine Wirksamkeit in der Arbeit mit anderen. Denn nur, wenn du dich selbst gut kalibrieren kannst, wirst du auch andere Menschen feinfühlig begleiten können.

Kalibrieren ist keine Methode, die sich in wenigen Sätzen erklären lässt. Es ist ein Prozess, ein Übungsfeld, eine innere Haltung. Es beginnt mit Aufmerksamkeit und führt zu Verbindung. Es basiert auf Respekt, auf Offenheit, auf der Bereitschaft, nicht zu wissen. Es ist kein Ziel, sondern ein Weg. Und es führt nicht nur zu besserem Verstehen, sondern zu mehr Menschlichkeit in der Begegnung. Wenn du diesen Weg gehst, wirst du mit der Zeit nicht nur mehr sehen, hören und spüren - du wirst auch anders gesehen, gehört und gespürt.

Praxisimpuls: Die feine Kunst des Beobachtens

Wähle in den nächsten Tagen ein oder zwei Gespräche aus, bei denen du dich bewusst dem Kalibrieren widmest. Entscheide dich, ganz präsent zu sein, nicht nur mit deinen Gedanken, sondern mit deinen Sinnen. Beobachte dein Gegenüber mit offenem Blick. Achte auf Mimik, Atmung, Stimme, Körperhaltung, Bewegungen, Pausen. Frag dich:

- Was genau kann ich beobachten, ohne Interpretation, ganz neutral?
- Welche Veränderung fällt mir im Gesprächsverlauf auf? Wann verändert sich etwas, und worauf reagiert es?
- Wie verändert sich mein eigener innerer Zustand, wenn ich mit dieser Haltung der Präsenz zuhöre?
- Was passiert mit der Qualität des Gesprächs, wenn ich mich auf diese Art des Wahrnehmens einlasse?
- Wie fühlt es sich an, wenn ich einfach nur beobachte, ohne sofort verstehen zu müssen?

Vielleicht wirst du überrascht sein, wie viel du siehst, wenn du aufhörst, sofort verstehen zu wollen. Vielleicht entsteht ein Raum, in dem Verbindung wächst. Nicht durch Worte, sondern durch stille Achtsamkeit. Und vielleicht beginnt genau dort die Art von Veränderung, die nicht gemacht, sondern eingeladen wird.

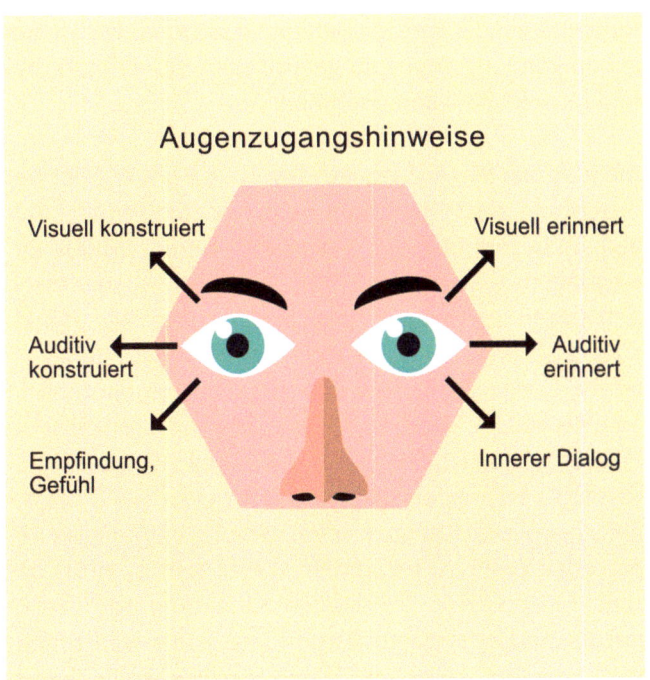

Augenzugangshinweise

Visuell konstruiert

Visuell erinnert

Auditiv konstruiert

Auditiv erinnert

Empfindung, Gefühl

Innerer Dialog

Augen sagen mehr als Worte

Es gibt Momente im Gespräch, in denen Worte zur Nebensache werden. In denen etwas anderes geschieht, feiner, subtiler, aber nicht weniger bedeutsam. Vielleicht ist es ein kurzes Innehalten. Vielleicht ein leichtes Zucken um die Augen. Oder ein Blick, der plötzlich nicht mehr auf dich gerichtet ist, sondern irgendwohin wandert, als würde dein Gegenüber etwas suchen, das nicht im Raum, sondern in seinem Inneren liegt. Genau hier setzt eines der faszinierendsten Phänomene im NLP an - die Beobachtung von Augenzugangshinweisen. Sie gehören zu den präzisesten nonverbalen Signalen, die dir

Hinweise auf die inneren Denkprozesse eines Menschen geben können, sofern du gelernt hast, sie aufmerksam und respektvoll wahrzunehmen.

Die Idee der Augenzugangshinweise beruht auf der Beobachtung, dass Menschen beim Nachdenken ihre Augen auf bestimmte Weise bewegen - und dass diese Bewegungen systematisch mit bestimmten kognitiven Aktivitäten verbunden sind. Wer an ein Bild denkt, schaut oft anders als jemand, der sich an ein Geräusch erinnert. Wer ein Gefühl in sich aufsteigen lässt, blickt an eine andere Stelle als jemand, der mit sich selbst im inneren Dialog ist. NLP hat diese Beobachtungen systematisch beschrieben und ein Modell entwickelt, das dir hilft, die Blickrichtungen in Verbindung mit inneren Repräsentationen zu verstehen. Dabei geht es nicht darum, Menschen in Schubladen zu stecken oder sie zu durchschauen, sondern darum, bewusster wahrzunehmen, wie Denken sich im Körper ausdrückt - in diesem Fall in der Blickrichtung der Augen.

Wenn du einem Menschen gegenübersitzt, der Rechtshänder ist, und ihn dabei beobachtest, wie er über etwas nachdenkt, kannst du in vielen Fällen folgendes Muster erkennen: Bewegt sich der Blick nach oben links (aus seiner Sicht), deutet das häufig auf visuelles Erinnern hin, also auf das innere Sehen von Dingen, die bereits erlebt wurden. Wandert der Blick nach oben rechts, spricht das eher für visuelles Konstruieren, das heißt, der Mensch stellt sich ein Bild vor, das er so noch nicht gesehen hat, etwa bei der Frage, wie etwas aussehen könnte. Auf horizontaler Ebene, wenn der Blick zur Seite wandert, findest du Hinweise auf auditive Prozesse. Ein Blick nach links wird dabei häufig mit auditivem Erinnern verbunden - etwa dem inneren Hören einer bekannten Stimme, eines Musikstücks oder eines gesprochenen Satzes. Ein Blick nach rechts kann auf konstruiertes Hören hinweisen, zum Beispiel das Erfinden eines neuen Klanges oder eines fiktiven Dialogs. Geht der Blick nach unten links, deutet das in vielen Fällen auf den inneren Dialog hin - das berühmte „Selbstgespräch", bei dem wir uns selbst fragen, erinnern, argumentieren oder kommentieren. Geht der Blick nach unten rechts, ist das häufig mit kinästhetischem Erleben verbunden - etwa beim Spüren von Körperempfindungen, Gefühlen oder innerem Druck.

Diese Blickrichtungen sind keine absolute Wahrheit, sondern ein Modell, das sich in der Praxis oft, aber nicht immer bestätigt. Es gilt vor allem für Rechtshänder:innen. Bei Linkshänder:innen können sich die Richtungen spiegeln. Auch kulturelle Unterschiede, neurologische Besonderheiten oder persönliche Eigenarten können dazu führen, dass jemand anders blickt, als das Modell vorhersagt. NLP geht deshalb nicht dogmatisch mit diesen Beobachtungen um. Es lädt vielmehr dazu ein, diese Hinweise als Hypothesen zu betrachten, die überprüft werden können, durch Kalibrieren, durch genaue Beobachtung, durch offenes Nachfragen. Wenn du feststellst, dass ein bestimmter Mensch beim Erinnern an einen Klang tatsächlich immer zur linken Seite schaut, ist das für dich ein brauchbarer Bezugspunkt. Wenn du dagegen bemerkst, dass eine andere Person anders reagiert, passt du dein Modell an. NLP ist an dieser Stelle nicht normativ, sondern pragmatisch.

Das Arbeiten mit Augenzugangshinweisen setzt voraus, dass du zunächst ein Gespür für den sogenannten Ausgangszustand entwickelst. Du beobachtest, wie ein Mensch in einem neutralen, entspannten Zustand schaut, wohin sich seine Augen bewegen, wie seine Gesichtsmuskulatur reagiert, wie schnell oder langsam seine Blickwechsel erfolgen. Diese Beobachtung dient dir als Vergleichsmaßstab, wenn es später um emotionale oder kognitive Reaktionen geht. Wenn du dann im Gespräch eine bestimmte Frage stellst, etwa nach einem inneren Bild, einem Geräusch, einem Gefühl oder einem Gedanken, kannst du beobachten, wohin der Blick geht. Es ist wichtig, dass du dabei nicht starr starrst oder die Person fixierst. Kalibrieren geschieht in einem Feld von Beziehung, nicht von Kontrolle. Du bist präsent, aber offen. Wach, aber nicht aufdringlich.

Der besondere Wert der Augenzugangshinweise liegt darin, dass sie unbewusst gesteuert werden. Niemand überlegt sich vorher, wohin er blickt, wenn er an etwas denkt. Diese Bewegungen geschehen spontan und spiegeln oft sehr präzise die inneren Prozesse wider. In der therapeutischen oder beratenden Arbeit können diese Hinweise genutzt werden, um den Zugang zu bestimmten Themen zu erleichtern. Wenn du weißt, dass dein Gegenüber beim Spüren von Emotionen nach unten rechts schaut, kannst du gezielt mit Fragen arbeiten, die diesen Zugang unterstützen. Du kannst zum Beispiel sagen: Wenn du in dieses Gefühl hineingehst, was spürst du dort unten? Oder: Wenn du es in deinem Körper verorten müsstest, wo wäre es jetzt gerade? Diese Fragen helfen nicht nur, das Gefühl zu benennen, sondern auch, den Zugang dazu zu stabilisieren.

Manchmal zeigen sich auch sogenannte Inkongruenzen. Das bedeutet, dass eine Person etwas sagt, ihr Körper aber etwas anderes signalisiert. Wenn zum Beispiel jemand sagt: Ich erinnere mich genau an das Gespräch, aber der Blick geht nicht zur erinnernden Seite, sondern zur konstruierenden, könnte das ein Hinweis sein, dass die Erinnerung weniger klar ist als behauptet oder dass ein Teil davon erfunden wird. Wichtig ist, dass du solche Beobachtungen nicht zur Konfrontation nutzt. Es geht nicht darum, jemanden zu ertappen oder zu entlarven, sondern um ein feines Gespür für die Stimmigkeit zwischen Innen und Außen. Wenn du feststellst, dass etwas nicht zusammenpasst, kannst du behutsam nachfragen oder die Beobachtung einfach für dich abspeichern, ohne sie sofort zu kommentieren.

Die Arbeit mit Augenzugangshinweisen ist besonders wirkungsvoll in Kombination mit anderen NLP-Techniken. Wenn du zum Beispiel mit Submodalitäten arbeitest, kannst du beobachten, wie sich die Blickrichtung verändert, wenn eine Erinnerung umgestaltet wird. Wenn du mit Ankern arbeitest, kannst du die Augenbewegungen nutzen, um den besten Moment für die Ankerung zu finden. Und wenn du mit Timeline-Techniken arbeitest, kannst du durch die Blickrichtungen zusätzliche Hinweise auf die zeitliche Organisation innerer Erlebnisse gewinnen.

In der Selbsterfahrung bieten die Augenzugangshinweise einen faszinierenden Spiegel. Du kannst dich selbst beobachten, etwa im Spiegel oder mit Hilfe eines Videos, wie du beim Nachdenken reagierst. Du kannst feststellen, wohin dein Blick geht, wenn du an etwas

Angenehmes denkst. Du kannst erforschen, wie du reagierst, wenn du eine schwierige Entscheidung triffst. Du kannst erkennen, ob du stark im inneren Dialog bist oder eher im Fühlen. Und du kannst damit beginnen, diese Zugänge bewusster zu steuern. Wenn du zum Beispiel merkst, dass du bei einer unangenehmen Erinnerung ständig in ein inneres Bild gehst, kannst du den Blick verändern, in eine andere Richtung lenken, dich auf den Körper konzentrieren oder auf die Sprache. Oft reicht dieser kleine äußere Impuls, um eine innere Dynamik zu verändern.

Augenzugangshinweise machen dir bewusst, dass Denken ein körperlicher Vorgang ist. Es geschieht nicht irgendwo im Kopf, losgelöst vom Rest, sondern ist in jeder Zelle spürbar. Deine Augen sind Teil dieses Denkens. Sie zeigen, wo du dich innerlich befindest, ob du in der Vergangenheit bist oder in der Zukunft, ob du dich erinnerst oder etwas neu erschaffst, ob du fühlst oder reflektierst. Wer diesen Zusammenhang erkennt, gewinnt eine neue Art von Intimität mit dem eigenen Denken. Und wer lernt, ihn bei anderen wahrzunehmen, gewinnt eine neue Tiefe in der Begegnung.

Die Arbeit mit Augenzugangshinweisen verlangt Übung, Aufmerksamkeit und Respekt. Es geht nicht um Manipulation, nicht um Deutungshoheit, nicht um psychologisches Durchschauen. Es geht um das aufmerksame, neugierige, präsente Beobachten dessen, was ist. Wenn du bereit bist, dich auf diese feine Wahrnehmung einzulassen, wirst du erstaunt sein, wie viel du erkennen kannst. Und wie viel sich verändert, wenn du die Blickrichtungen nicht nur als Bewegungen, sondern als Brücken zu inneren Welten begreifst.

Praxisimpuls: Den Blick lenken

Nimm dir in den kommenden Tagen Zeit, mit deinen eigenen Augenzugängen zu experimentieren. Stell dich vor einen Spiegel oder nutze die Selfie-Kamera deines Smartphones, nicht um dich zu analysieren, sondern um dich selbst forschend zu begleiten. Denk bewusst an ein inneres Bild, an ein Geräusch, an ein Gefühl, an einen inneren Dialog. Beobachte, wohin deine Augen wandern. Achte auf Tempo, Richtung, Bewegung. Frag dich:

- Welche Blickrichtung ist bei mir mit Bildern verknüpft, und welche mit Gefühlen?
- Wie verändert sich mein innerer Zustand, wenn ich den Blick in eine andere Richtung lenke?
- Was passiert, wenn ich bewusst aus dem inneren Dialog aussteige und mich dem Spüren zuwende - oder umgekehrt?
- Wie kann ich diesen Zugang in schwierigen Situationen nutzen, um Klarheit, Ruhe oder Kreativität zu fördern?
- In welchen Momenten im Gespräch nehme ich die Blickrichtung meines Gegenübers besonders stark wahr, und was könnte das bedeuten?

Vielleicht wirst du entdecken, dass es nicht nur darum geht, den Blick zu beobachten - sondern auch darum, ihm zu folgen. Denn manchmal führt der Blick dorthin, wo Worte noch nicht reichen. Und manchmal beginnt genau dort der nächste Schritt.

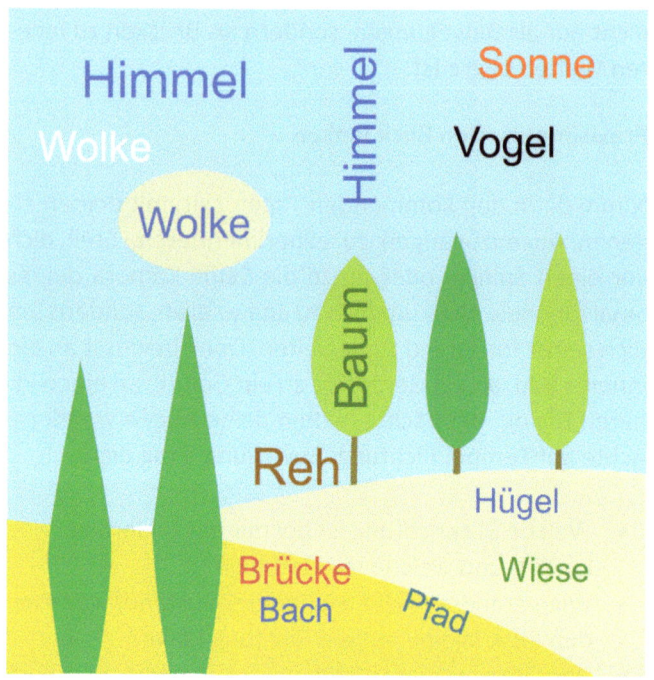

Worte gestalten Wirklichkeit

Es ist erstaunlich, wie viele Eindrücke ein einziger Satz in uns auslösen kann. Manchmal reicht ein schlichtes Wort, um Bilder entstehen zu lassen, einen Klang im Inneren hörbar zu machen oder ein Gefühl im Körper zu wecken. Sprache ist weit mehr als ein Mittel zur Verständigung. Sie ist der Kanal, über den wir unsere Wahrnehmung mitteilen, unsere Erlebnisse formen und die Wirklichkeit anderer berühren. Und sie wirkt niemals nur logisch. Sie wirkt über die Sinne.

In der Arbeit mit NLP nimmt Sprache einen besonderen Stellenwert ein. Sie ist das zentrale Werkzeug, mit dem wir innere Prozesse sichtbar machen, Erfahrungen ordnen, Zugang zu Ressourcen finden und neue Wirklichkeiten gestalten. Dabei geht es nicht nur um den Inhalt dessen, was gesagt wird, sondern vor allem darum, wie etwas gesagt wird - und auf welcher Sinnesebene. Denn jeder Mensch nimmt die Welt auf seine eigene Weise wahr. Was jemand erlebt, erinnert, empfindet oder sich vorstellt, ist immer durch einen oder mehrere Sinneskanäle strukturiert. Das bedeutet: Innere Erlebnisse sind nicht abstrakt, sondern bestehen aus Bildern, Klängen, Körperempfindungen, Gerüchen oder Geschmäckern. Sprache, die diese Sinne anspricht, ist deshalb besonders wirksam.

NLP spricht in diesem Zusammenhang von sinnesspezifischer Sprache. Gemeint ist damit die bewusste Verwendung sprachlicher Ausdrücke, die einem bestimmten Sinneskanal zugeordnet werden können. Wenn jemand sagt, er sehe eine Lösung vor sich, verweist das auf den visuellen Kanal. Wenn eine Person sagt, etwas klinge nicht stimmig, ist das ein auditiver Hinweis. Und wer sagt, er spüre einen Druck im Magen, drückt sich kinästhetisch aus. Auch Begriffe wie Geruch, Duft, Aroma oder Geschmack sind Teil sinnesspezifischer Sprache, werden aber in der Praxis des NLP seltener verwendet, da die olfaktorische und gustatorische Wahrnehmung in der bewussten Alltagskommunikation seltener aktiviert wird. Dennoch sind sie ebenso Teil der menschlichen Erfahrung - besonders dann, wenn Erinnerungen stark emotional aufgeladen sind.

Diese sprachlichen Hinweise sind weit mehr als Zufall. Sie zeigen, in welchem inneren Kanal sich ein Mensch gerade befindet. Sie geben Aufschluss darüber, wie jemand denkt, wie er fühlt, wie er entscheidet, wie er erinnert oder plant. Wer lernt, diese Hinweise zu hören, gewinnt eine neue Art des Zuhörens. Und wer beginnt, sie bewusst in der eigenen Sprache zu verwenden, kann damit Türen öffnen, Verbindung schaffen und Prozesse erleichtern.

Ein Mensch, der sich stark visuell orientiert, verwendet oft Ausdrücke wie klar sehen, eine Perspektive gewinnen, Überblick haben, durchblicken oder einleuchtend. Seine Erinnerungen sind oft an Bilder gekoppelt, seine Zukunftsplanung erfolgt über innere Filme, Farben oder Standbilder. Wenn du mit einem solchen Menschen arbeitest, ist es hilfreich, ebenfalls in Bildern zu sprechen. Du kannst fragen, wie eine gelungene Lösung aussieht, ob ein Ziel bereits vor dem inneren Auge sichtbar ist oder welches Bild sich zeigt, wenn an eine schwierige Situation gedacht wird. Indem du diese visuelle Sprache aufgreifst, erreichst du ihn dort, wo seine Aufmerksamkeit ohnehin bereits verankert ist.

Menschen mit auditiver Prägung hingegen verwenden eher Begriffe wie das klingt gut, das sagt mir nichts, das ist ein schriller Ton, das hört sich richtig an oder das schwingt mit. Sie erinnern sich an Gespräche, Stimmen, Musik oder Geräusche. Entscheidungen werden innerlich diskutiert, abgewogen, argumentativ begleitet. Sprache wirkt hier vor allem durch Rhythmus, Klang, Stimmigkeit. Wenn du mit auditiven Menschen arbeitest, kannst du Formulierungen verwenden wie was müsste für dich anders klingen oder welchen Ton müsste es treffen. Auch der Tonfall, die Pausen und die Klangfarbe deiner eigenen Stimme spielen hier eine große Rolle.

Kinästhetisch orientierte Menschen wiederum drücken sich oft über Gefühle, Bewegungen oder Körperempfindungen aus. Sie verwenden Wörter wie festhalten, loslassen, Druck spüren, etwas in Bewegung bringen, leicht, schwer, warm, kühl, greifbar oder fließend. Ihre Entscheidungen entstehen eher aus einem inneren Spüren heraus, aus dem Körper, dem Bauch oder dem Brustraum. Sie schätzen körperlich spürbare Sicherheit, Präsenz und authentischen Kontakt. In der Arbeit mit kinästhetisch orientierten Menschen kannst du fragen was genau spürst du gerade oder wie fühlt es sich an, wenn du dich mit der Lösung verbindest. Deine eigene Körpersprache, Atmung und das Tempo deiner Sprache haben hier großen Einfluss auf die Beziehung.

Olfaktorisch und gustatorisch geprägte Ausdrücke sind seltener, aber nicht weniger wirksam. Sie zeigen sich etwa in Sätzen wie das stinkt mir, das hat einen faden Beigeschmack, das ist wie ein guter Wein, der nachklingt oder es riecht nach Ärger. Diese Sinneseindrücke sind besonders eng mit emotionalen Erinnerungen verknüpft. Der Duft eines bestimmten Parfums kann ganze Lebensabschnitte wachrufen. Der Geschmack eines Gerichts kann ein tiefes Gefühl von Geborgenheit auslösen. In der NLP-Praxis werden diese Kanäle häufig in der Ressourcenarbeit, im Ankern oder im Timeline-Prozess genutzt, weil sie direkte Zugänge zu intensiven inneren Zuständen ermöglichen.

Sinnesspezifische Sprache wird auch deshalb so betont, weil sie bei der Zielarbeit eine besondere Rolle spielt. Viele Menschen formulieren Ziele rein kognitiv - ich will erfolgreicher sein, ich will gelassener werden, ich will mich mehr trauen. NLP fragt hier weiter: Woran wirst du merken, dass du gelassener geworden bist? Was wirst du sehen? Was wirst du hören? Was wirst du in deinem Körper spüren? Diese Fragen helfen dabei, das Ziel nicht nur zu benennen, sondern erlebbar zu machen. Und je sinnlicher ein Ziel verankert ist, desto leichter kann es erreicht werden, weil der ganze Mensch daran beteiligt ist.

Ein besonders interessantes Feld eröffnet sich, wenn man die sinnesspezifische Sprache im Vergleich zu den Augenzugangshinweisen betrachtet. Während die Augen Hinweise darauf geben, in welchem Kanal jemand innerlich arbeitet, zeigt die Sprache, wie dieses innere Erleben nach außen kommuniziert wird. Wenn du feststellst, dass jemand beim Erinnern eines Gefühls nach unten rechts schaut und gleichzeitig sagt ich spüre das ganz deutlich in der Brust, hast du eine kongruente Verbindung zwischen nonverbaler und verbaler Repräsentation. Wenn dagegen jemand sagt ich sehe das ganz klar, aber gleichzeitig auditiv konstruiert, kannst du dies als Anlass nehmen, deine Beobachtung zu vertiefen oder bewusst verschiedene Kanäle ins Gespräch zu bringen.

Auch in der Arbeit mit Gruppen ist sinnesspezifische Sprache von Bedeutung. Wenn du mit mehreren Menschen arbeitest, wirst du unterschiedliche sprachliche Vorlieben erkennen. Manche reagieren stark auf visuelle Impulse - sie lieben Flipcharts, Bilder, Modelle. Andere brauchen den gesprochenen Austausch, Dialog, Wiederholung. Wieder andere reagieren auf Erleben, auf Bewegung, auf körperliche Aktivität. NLP unterstützt dich darin, deine Sprache so zu gestalten, dass möglichst viele dieser Repräsentationssysteme angesprochen werden. Wenn du zum Beispiel ein Konzept erklären möchtest, kannst du sagen: Stellen Sie sich vor, Sie sehen das Ergebnis ganz klar vor sich, Sie hören in sich selbst die Stimme, die sagt das war genau richtig, und Sie spüren, wie eine tiefe Ruhe durch Ihren Körper fließt. In einem Satz sprichst du hier drei Sinneskanäle an - visuell, auditiv, kinästhetisch - und eröffnest damit eine vielschichtige Erfahrung.

Sinnesspezifische Sprache ist auch ein Schlüssel für die Arbeit mit inneren Blockaden. Wenn jemand über ein Problem spricht, kann die verwendete Sprache dir Hinweise geben, wie diese innere Struktur aufgebaut ist. Wenn jemand sagt ich sehe da einfach schwarz, könnte das bedeuten, dass das Problem als inneres Bild gespeichert ist. Du könntest fragen: Was passiert, wenn du etwas mehr Licht in dieses Bild bringst? Oder: Was müsste sich im Bild verändern, damit du dich leichter fühlst? Ebenso könntest du mit auditiven oder kinästhetischen Blockaden arbeiten, indem du die inneren Strukturen über Sprache veränderst. Diese Art der sprachlichen Intervention basiert auf dem Verständnis, dass unsere innere Realität formbar ist - und dass Sprache ein Werkzeug dieser Gestaltung ist.

Die bewusste Nutzung sinnesspezifischer Sprache beginnt mit dem Hören. Du wirst feststellen, dass viele Menschen fast ausschließlich in einem oder zwei

Kanälen sprechen. Jemand, der ständig sagt ich sehe das so, aber nie sagt ich spüre das oder ich höre das, bewegt sich stark im Visuellen. Diese einseitige Ausrichtung kann nützlich sein - aber sie kann auch einschränken. NLP lädt dich deshalb ein, die anderen Kanäle bewusst zu aktivieren. Wenn du merkst, dass du selbst sehr visuell bist, kannst du bewusst auditiv oder kinästhetisch sprechen - nicht, um dich zu verbiegen, sondern um deine Ausdrucksmöglichkeiten zu erweitern.

In der Selbsterfahrung eröffnet dir die Arbeit mit sinnesspezifischer Sprache neue Räume. Du kannst deine inneren Zustände erforschen, indem du beschreibst, wie sie sich visuell, auditiv und kinästhetisch zeigen. Du kannst dir neue Ressourcen erschließen, indem du dir vorstellst, wie es aussieht, klingt und sich anfühlt, wenn du in deiner Kraft bist. Und du kannst deine Kommunikation bewusster gestalten, weil du weißt, wie du durch Sprache Wirklichkeit miterschaffst.

Sprache ist niemals nur Information. Sie ist immer auch Einladung, Spiegel, Resonanzraum. Wer sinnesspezifisch spricht, gibt anderen Menschen die Möglichkeit, sich selbst zu begegnen. Und sich vielleicht anders zu erleben als bisher.

Praxisimpuls: Sprache als Erlebnis gestalten

Wähle ein persönliches Ziel oder eine wichtige Erinnerung. Beschreibe dieses innere Erlebnis schriftlich in drei Versionen:

- Nur mit visuellen Begriffen: Was siehst du? Welche Farben, Formen, Bewegungen?
- Nur mit auditiven Begriffen: Was hörst du? Welche Stimmen, Klänge, Geräusche?
- Nur mit kinästhetischen Begriffen: Was spürst du? Wo im Körper, mit welcher Qualität?

Vergleiche anschließend die drei Versionen. Welche wirkt am stärksten? Welche überrascht dich? Und wie wäre es, alle drei zusammenzubringen? Vielleicht entsteht dabei ein neues Bild - ein neuer Klang - ein neues Gefühl.

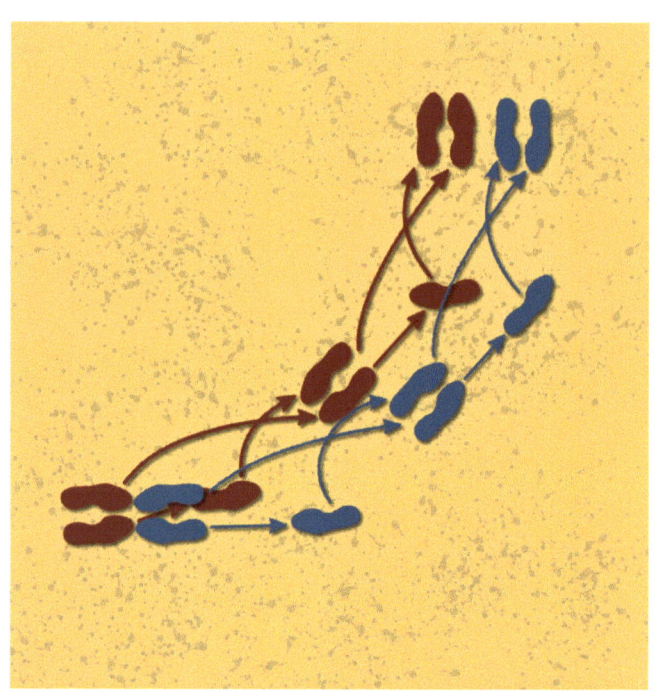

Pacing als Grundlage gelingender Beziehung

Manchmal genügt schon ein einziger Moment, in dem sich zwei Menschen wirklich aufeinander einstimmen, damit Vertrauen entsteht. Es ist dieser kaum greifbare Augenblick, in dem man spürt, dass der andere mitgeht, mitschwingt, mitfühlt. Keine großen Worte, kein aufgesetztes Einverständnis, sondern eine stille Übereinstimmung im Rhythmus, im Ton, in der Haltung. NLP nennt diesen Vorgang Pacing. Gemeint ist damit die bewusste, wertschätzende Angleichung an das Erleben eines anderen Menschen. Es ist ein Akt der Verbindung, nicht der

Anpassung um jeden Preis, sondern der achtsamen Resonanz. Wer paced, zeigt dem Gegenüber: Ich sehe dich. Ich höre dich. Ich gehe mit dir.

Pacing ist eines der zentralen Werkzeuge im NLP, weil es die Grundlage für jede gelingende Kommunikation bildet. Es bedeutet nicht, sich selbst zu verleugnen oder künstlich zu verstellen. Vielmehr geht es darum, dem anderen Raum zu geben. Es ist ein kommunikativer Akt, der von Respekt getragen ist, von dem Wunsch, zuerst zu verstehen, bevor man verstanden werden will. Im Pacing spiegelt sich die Haltung, dass Menschen sich dann öffnen, wenn sie sich in ihrem momentanen Zustand gesehen und angenommen fühlen. Und dieser Zustand kann sehr unterschiedlich sein. Manchmal ist ein Mensch aufgewühlt, laut, unruhig. Manchmal ist er zurückhaltend, in sich gekehrt, still. Manchmal spricht er schnell, manchmal zögerlich. Manchmal lacht er, manchmal schweigt er. All das ist Ausdruck seiner inneren Realität, und Pacing bedeutet, diese Realität nicht zu bewerten, sondern ihr zu begegnen.

In der Praxis geschieht Pacing auf verschiedenen Ebenen. Eine der bekanntesten ist die nonverbale Ebene. Hier geht es darum, sich an bestimmte körperliche Merkmale des Gegenübers anzupassen, an die Haltung, die Gestik, das Sprechtempo, die Atmung, die Mimik, den Tonfall. Diese Angleichung geschieht nicht imitierend, sondern subtil. Wenn dein Gesprächspartner mit verschränkten Armen dasitzt, musst du nicht exakt dieselbe Position einnehmen. Aber du kannst dich in eine ähnlich ruhige Haltung begeben, dich in deinem Bewegungsradius zurücknehmen, deine Stimme der

Lautstärke des anderen anpassen. Dadurch entsteht ein Gefühl von Gleichklang, das oft intuitiv wahrgenommen wird. Menschen spüren unbewusst, wenn jemand auf ihrer Wellenlänge ist, und sie öffnen sich leichter.

Auch auf sprachlicher Ebene ist Pacing ein wirkungsvolles Mittel. Wenn jemand in Bildern spricht, kannst du mit bildhaften Ausdrücken antworten. Wenn jemand über Klänge spricht, kannst du in der auditiven Sprache bleiben. Wenn jemand über ein Gefühl spricht, kannst du es benennen, aufgreifen, vertiefen. Du gehst sprachlich mit, nicht mechanisch, sondern bewusst. Wenn dein Gegenüber sagt: Das fühlt sich irgendwie schwer an, kannst du antworten: Ja, ich merke, da liegt etwas auf dir. Du bleibst im gleichen Kanal, in der gleichen Welt. Und oft ist es genau dieses Mitschwingen, das eine Brücke baut.

Pacing kann auch inhaltlich geschehen, durch das Spiegeln oder Paraphrasieren dessen, was gesagt wurde. Wenn jemand dir seine Sichtweise schildert, kannst du sie in deinen eigenen Worten zusammenfassen, nicht um sie zu bewerten, sondern um zu zeigen, dass du sie verstanden hast. Du sagst dann etwa: Du meinst also, dass du dich gerade ziemlich unter Druck fühlst, weil du nicht weißt, wie du mit der Situation umgehen sollst? Diese Art des Pacing ist nicht nur eine Wiederholung, sondern eine Einladung zum Weiterreden. Sie zeigt: Ich höre dir zu. Ich nehme dich ernst. Ich bin bereit, auf deinem Weg ein Stück mitzugehen.

Wichtig ist dabei, dass Pacing nicht manipulativ eingesetzt wird. Es geht nicht darum, sich einzuschmeicheln oder künstlich Nähe zu erzeugen. Pacing ist dann wirksam, wenn es aus einer inneren Haltung der Aufrichtigkeit kommt. Wenn du wirklich bereit bist, dich auf das Erleben deines Gegenübers einzulassen, wird sich das in deiner Sprache, deiner Körpersprache, deiner Präsenz zeigen. Und wenn du das nicht bist, wird sich das ebenso zeigen. Menschen spüren intuitiv, ob jemand bei ihnen ist - oder nur so tut. Deshalb ist Authentizität im Pacing entscheidend. Es ist keine Technik im engeren Sinn, sondern ein Ausdruck von Beziehungskompetenz. Manchmal bedeutet Pacing auch, ein ungewöhnliches Verhalten erst einmal mitzugehen, bevor man es verändert. Wenn jemand etwa im Gespräch sehr schnell spricht, kannst du dieses Tempo anfangs mitgehen - nicht um es zu verstärken, sondern um die Verbindung herzustellen. Wenn die Verbindung da ist, kannst du allmählich langsamer sprechen, und beobachten, ob der andere mitgeht. Dieser Vorgang, den NLP später als Leading beschreibt, beginnt immer mit dem Pacing. Es ist wie ein Tanz: Nur wenn du dich im gleichen Rhythmus bewegst, kannst du später führen.

In der therapeutischen Arbeit, im Coaching oder in der Beratung ist Pacing besonders wichtig, wenn Menschen in schwierigen emotionalen Zuständen sind. Wenn jemand traurig ist, ängstlich, wütend oder verzweifelt, bringt es oft wenig, ihn sofort zu motivieren oder mit Lösungen zu kommen. Viel hilfreicher ist es, den Zustand zunächst anzunehmen. Das bedeutet: Du bleibst beim Gefühl, ohne es zu verstärken. Du benennst es, ohne es zu analysieren. Du gehst mit, ohne dich zu verlieren. Du sagst zum Beispiel: Das klingt nach einem wirklich belastenden Moment. Oder: Ich kann verstehen, dass sich das gerade eng anfühlt. In diesen einfachen, mitfühlenden Sätzen liegt oft mehr Kraft als in jeder Intervention.

Auch im Alltag ist Pacing ein wertvolles Werkzeug. In der Familie, im Freundeskreis, im Beruf, überall dort, wo Menschen einander begegnen, kann es Brücken bauen. Du kannst es im Gespräch mit deinem Kind nutzen, das sich in einer Situation ungerecht behandelt fühlt. Du kannst es mit deinem Partner einsetzen, der gerade von etwas enttäuscht ist. Du kannst es in einem Meeting anwenden, wenn ein Kollege aufgebracht ist. In all diesen Situationen geht es nicht darum, Recht zu haben oder zu überzeugen. Es geht darum, zunächst mitzugehen, um dann gemeinsam weiterzugehen.

Besonders fein wird das Pacing, wenn du beginnst, nicht nur äußere Signale, sondern auch emotionale Zustände zu spiegeln. Wenn du spürst, dass dein Gegenüber innerlich unruhig ist, kannst du in deiner Sprache, deiner Haltung, deinem Tonfall eine Form von Ruhe anbieten, aber erst, wenn du seine Unruhe wirklich wahrgenommen hast. Wenn du merkst, dass jemand sich hilflos fühlt, kannst du diese Hilflosigkeit nicht auflösen, aber du kannst ihr Raum geben. Du sagst dann vielleicht: Es fühlt sich gerade an, als würdest du nicht wissen, wohin. Und indem du das sagst, entsteht Orientierung. Nicht weil du etwas veränderst, sondern weil du etwas benennst, das vorher vielleicht nur diffus im Raum stand. Pacing ist nicht immer leicht. Es erfordert Geduld, Präsenz, Empathie. Es erfordert die Bereitschaft, die eigenen Vorstellungen zurückzustellen und sich ganz auf das Gegenüber einzulassen. Und es verlangt, dass du dich selbst gut kennst: deine Trigger, deine Grenzen, deine

Erwartungen. Denn nur wer mit sich selbst in Kontakt ist, kann diesen Kontakt auch anderen anbieten.

Die gute Nachricht ist: Pacing lässt sich lernen. Du kannst es üben, im Alltag, in Gesprächen, in kleinen Begegnungen. Du kannst bewusst darauf achten, wie Menschen sprechen, wie sie sich bewegen, was sie brauchen, um sich verstanden zu fühlen. Und du kannst damit experimentieren, deine eigene Sprache, Haltung und Präsenz so zu gestalten, dass Verbindung entsteht. Manchmal genügt ein kleiner Schritt, ein bewusstes Mitgehen - und der andere fühlt sich gesehen.

Pacing ist eine Einladung zum Miteinander. Eine Einladung, die Welt für einen Moment durch die Augen des anderen zu sehen, zu hören, zu spüren. Und wenn das gelingt, entsteht etwas, das größer ist als Worte - es entsteht Beziehung.

Praxisimpuls: Mitgehen im Alltag

Wähle in den kommenden Tagen gezielt Situationen, in denen du bewusst pacing betreiben möchtest. Das kann ein Gespräch mit einem Kollegen sein, eine Diskussion in der Familie oder ein Austausch mit einer fremden Person. Achte darauf, wie dein Gegenüber spricht, in welchem Tempo, mit welcher Tonlage, mit welcher Wortwahl. Achte auf die Körperhaltung, auf die Atmung, auf die Mimik. Und dann geh bewusst mit, nicht übertrieben, sondern achtsam.

Frag dich:

- In welcher Weise konnte ich mich nonverbal angleichen, ohne mich zu verstellen?
- Wie habe ich die Sprache meines Gegenübers gespiegelt oder aufgenommen?
- Was hat sich verändert, als ich begonnen habe, mitzugehen?
- Wie hat sich die Qualität der Beziehung durch mein Pacing entwickelt?
- Wo fällt es mir leicht zu pacen, und wo spüre ich Widerstand?

Vielleicht wirst du entdecken, dass Pacing nicht nur eine Methode ist, sondern eine Haltung. Eine Haltung, die Verbindung schafft, leise, kraftvoll, menschlich.

Verbindung, die trägt

Es gibt Begegnungen, die sich von der ersten Sekunde an stimmig anfühlen. Ohne dass viele Worte fallen, entsteht ein Gefühl von Vertrautheit, von Nähe, von gegenseitigem Verständnis. Man spürt, dass man auf einer Wellenlänge ist, dass man sich nicht erklären muss, weil etwas zwischen den Zeilen mitschwingt, das trägt. In der Sprache des NLP wird dieses Phänomen als Rapport bezeichne, als Zustand der tiefen Verbindung zwischen Menschen, der sich durch Vertrauen, Resonanz und gegenseitige Offenheit auszeichnet. Rapport ist keine Technik, sondern eine Qualität von Beziehung, die durch Haltung, Präsenz und aufrichtige Zugewandtheit entsteht. Wer Rapport herstellen kann, schafft einen Raum, in dem Entwicklung, Veränderung und Heilung möglich werden.

Rapport beginnt nicht erst im Gespräch, sondern schon vorher, in der inneren Haltung. Es ist der stille Entschluss, dem anderen Menschen in seiner Ganzheit zu begegnen. Nicht als Objekt eines Gesprächs, nicht als Fall, nicht als zu beeinflussende Person, sondern als Mensch mit Geschichte, mit Würde, mit Eigenart. Diese Haltung drückt sich nicht in großen Gesten aus, sondern in der Feinheit der Aufmerksamkeit. Sie zeigt sich in einem offenen Blick, in einer achtsamen Präsenz, in der Bereitschaft, für einen Moment die eigene Welt zurückzustellen, um sich der Welt des Gegenübers zu öffnen. Rapport entsteht, wenn sich zwei Menschen wechselseitig aufeinander einstimmen, nicht über Inhalte, sondern über ein geteiltes Erleben.

In der NLP-Arbeit bildet Rapport das Fundament für jede wirksame Intervention. Denn nur wenn sich ein Mensch sicher, gesehen und angenommen fühlt, ist er bereit, sich zu öffnen, sich zu zeigen, Veränderung zuzulassen. Rapport schafft die emotionale Grundlage, auf der Vertrauen wächst. Vertrauen, das nicht erzwungen werden kann, sondern das sich bildet, in kleinen, stillen Signalen der Zugewandtheit. In der Art, wie jemand zuhört. In der Feinheit, mit der jemand auf Reaktionen eingeht. In der Zeit, die sich jemand nimmt, um da zu sein, bevor er etwas verändern will.

Rapport ist eng verbunden mit dem Konzept des Pacing. Wer sich auf die nonverbalen Signale seines Gegenübers einstimmt, der vermittelt damit: Ich bin bei dir. Ich nehme dich wahr. Ich akzeptiere dich in deinem momentanen Zustand. Dieses Mitgehen, diese Resonanz auf mehreren Ebenen, im Tonfall, in der Körpersprache, im sprachlichen Ausdruck, ist der erste Schritt zum Aufbau von Rapport. Aber Rapport geht noch einen Schritt weiter. Es ist nicht nur ein passives Mitgehen, sondern ein lebendiger Beziehungsraum, in dem sich beide Menschen wechselseitig beeinflussen. Man spürt, ob Rapport da ist. Es ist ein Gefühl von fließender Kommunikation, von Leichtigkeit, von Vertrauen.

Interessanterweise lässt sich Rapport nicht erzwingen. Wer krampfhaft versucht, Rapport herzustellen, erreicht oft das Gegenteil. Menschen spüren, wenn etwas gemacht ist, wenn Nähe gespielt wird, wenn der Kontakt nicht echt ist. Deshalb ist es im NLP so wichtig, zwischen Rapport als Haltung und Rapport als Wirkung zu unterscheiden. Die Haltung ist das Entscheidende - die Wirkung ergibt sich daraus. Wenn du mit innerer Offenheit, mit ehrlichem Interesse und mit achtsamer Präsenz einem Menschen begegnest, wirst du Rapport erleben. Nicht immer sofort, nicht immer in der gleichen Tiefe, aber in einer Weise, die trägt.

Rapport ist nicht an Sympathie gebunden. Es ist möglich, mit Menschen Rapport aufzubauen, die einem fremd, distanziert oder sogar unsympathisch erscheinen. Denn Rapport bedeutet nicht, dass man dieselbe Meinung teilt oder dieselbe Geschichte hat. Es bedeutet, dass man sich gegenseitig als Mensch anerkennt, in der momentanen Situation, mit dem, was gerade ist. Diese Form der Beziehung ist gerade dann wichtig, wenn

Menschen in herausfordernden Zuständen sind, wenn sie wütend, traurig, verzweifelt oder misstrauisch sind. In solchen Momenten entscheidet nicht das, was gesagt wird, sondern das, was spürbar ist. Rapport kann genau hier den entscheidenden Unterschied machen, indem er Halt gibt, ohne zu klammern, indem er Raum lässt, ohne sich zu entziehen.

In der Praxis zeigt sich Rapport in vielen kleinen Details. In der Art, wie ein Gespräch beginnt. In der Geschwindigkeit, mit der sich jemand entspannt. In der Tiefe, mit der jemand bereit ist, sich zu öffnen. In der Körpersprache, in den Blicken, im Wechselspiel von Nähe und Distanz. Rapport bedeutet, dass sich beide Seiten wechselseitig wahrnehmen, nicht oberflächlich, sondern auf einer tieferen Ebene. Es ist eine Art stummer Dialog, der manchmal mehr bewirkt als jede Intervention.

Ein besonders interessanter Aspekt ist die Dynamik von Rapport im Verlauf eines Gesprächs. Rapport ist kein statischer Zustand. Er entsteht, vertieft sich, kann verloren gehen, kann wiederhergestellt werden. Es ist wie ein Tanz, manchmal synchron, manchmal mit kleinen Stolperern, manchmal in unterschiedlichen Tempi. Wer Rapport aufrechterhalten will, muss präsent bleiben, wahrnehmend, flexibel. Es braucht die Bereitschaft, sich immer wieder neu einzustimmen, auf die Veränderung im Gegenüber, auf den eigenen inneren Zustand, auf das, was sich zwischen beiden verändert.

Rapport ist auch die Grundlage für das sogenannte Leading, also das sanfte Führen, das sich erst dann anbietet, wenn eine tragfähige Verbindung hergestellt ist. Im NLP wird häufig das Bild vom Tanz verwendet: Wer führen will, muss zuerst tanzen können. Und tanzen heißt in diesem Fall: sich einlassen, mitschwingen, mitspüren. Erst wenn diese Bewegung aufgenommen wurde, kann sie in eine neue Richtung gelenkt werden. Rapport ist also nicht das Ziel, sondern der Weg, der jede Form von Veränderungsarbeit ermöglicht. Ein weiterer Aspekt von Rapport betrifft den Selbstkontakt. Denn wer mit sich selbst nicht in Verbindung ist, kann auch mit anderen nur schwer in Verbindung treten. Rapport beginnt im Inneren. In der Beziehung zu dir selbst. Wenn du dir selbst gegenüber achtsam bist, wenn du deine Gefühle, Gedanken und Bedürfnisse ernst nimmst, entwickelst du eine Präsenz, die auch anderen zugutekommt. Menschen spüren, ob jemand mit sich selbst im Einklang ist. Diese innere Stimmigkeit wirkt oft stärker als jede Methode. Sie schafft Vertrauen, ohne Worte. Und sie ist der Nährboden für echten Rapport.

Auch in Gruppen ist Rapport ein zentrales Element. Wer mit Gruppen arbeitet, weiß, wie wichtig es ist, eine gemeinsame Energie, ein gemeinsames Feld zu erzeugen. Rapport in der Gruppe entsteht durch das Einfühlen in die Stimmung, das Wahrnehmen nonverbaler Signale, das Anpassen an Tempo, Ton, Themen. Es bedeutet, die Gruppe dort abzuholen, wo sie gerade steht, bevor man sie irgendwohin führen will. Gruppendynamisch entsteht Rapport durch das Gefühl, gemeinsam unterwegs zu sein, nicht belehrt zu werden, sondern eingeladen.

Die Qualität von Rapport lässt sich nicht messen, aber sie ist spürbar. Man merkt es, wenn Menschen plötzlich aufhören, sich zu verteidigen. Wenn sie anfangen, mehr zu erzählen, als sie wollten. Wenn sie lachen, obwohl ihnen nicht danach war. Wenn sie einen Satz sagen und selbst nicht wissen, woher er kommt. All das sind Zeichen von Rapport, nicht als Technik, sondern als Resonanz. Es ist der Moment, in dem Beziehung geschieht. Und in dem Veränderung möglich wird.

Praxisimpuls: Verbindung spüren

Wähle in den nächsten Tagen bewusst Situationen, in denen du Rapport herstellen oder vertiefen möchtest. Nimm dir Zeit, auf dein Gegenüber zu achten: auf Stimme, Tempo, Körpersprache, Wortwahl. Geh mit, ohne dich zu verlieren. Lass dich ein, ohne dich zu verbiegen. Und beobachte:

- Was verändert sich in dir, wenn du wirklich präsent bist?
- Wie reagiert dein Gegenüber, wenn du dich innerlich öffnest?
- Was geschieht, wenn du versuchst, Rapport über Körpersprache oder Sprache herzustellen?
- In welchen Momenten spürst du echte Verbindung und was macht sie aus?
- Wie verändert sich die Tiefe des Gesprächs, wenn du Rapport aufbaust?

Vielleicht wirst du entdecken, dass Rapport nicht gemacht wird, sondern entsteht. Dort, wo du dir erlaubst, ganz da zu sein. Und wo du dem anderen erlaubst, genauso da zu sein, wie er ist.

Führen mit Feingefühl

Wenn sich Menschen wirklich verstanden fühlen, wenn sie erleben, dass jemand mit ihnen mitschwingt, ihnen Raum gibt und ihre Sichtweise achtet, entsteht Vertrauen. Dieses Vertrauen ist nicht laut, es braucht keine Erklärung. Es zeigt sich in der Bereitschaft, sich zu zeigen, sich zu öffnen, sich berühren zu lassen. Genau hier beginnt der Moment, in dem man einladen kann, neue Wege zu gehen. NLP nennt diesen Vorgang Leading und meint damit das sanfte Führen, das nicht aus Druck oder Überlegenheit geschieht, sondern aus der Tiefe einer echten Beziehung heraus. Leading ist kein Überzeugen, kein Manipulieren, kein sich Durchsetzen. Es ist der natürliche nächste Schritt nach einer Phase des Pacing und des aufgebauten Rapports. Es ist die Bewegung, die entsteht, wenn Resonanz vorhanden ist - und jemand die Richtung verändert, ohne dass die Verbindung verloren geht.

Leading kann nur dort gelingen, wo zuvor wirklich mitgegangen wurde. Wer vorschnell führt, ohne sich zuvor auf den anderen eingestimmt zu haben, erzeugt Widerstand. Denn Menschen spüren, wenn jemand nicht bei ihnen ist. Sie spüren, wenn jemand zwar etwas sagen, aber nicht zuhören will. Sie spüren, wenn ein Ziel verfolgt wird, das mit ihrem eigenen nicht übereinstimmt. Deshalb ist Leading im NLP untrennbar mit einer Haltung verbunden: der Haltung der Wertschätzung, der Präsenz, der Offenheit. Nur wer bereit ist, sich dem inneren Zustand seines Gegenübers wirklich zuzuwenden, kann ihn später auch in eine andere Richtung begleiten.

Leading beginnt in kleinen, fast unsichtbaren Momenten. Es ist nicht der große Richtungswechsel, nicht der laute Appell. Es ist die behutsame Einladung, sich auf einen neuen Gedanken einzulassen. Es ist das langsame Verändern des Sprechtempos, das Anbieten eines neuen Rahmens, das Einführen einer anderen Perspektive. Es ist das subtile Anheben des Blickwinkels, der Vorschlag, auch noch einen anderen Aspekt zu betrachten. Wenn zuvor Rapport entstanden ist, wenn ein Mensch sich gesehen, gehört und gespürt fühlt, ist er oft bereit, sich führen zu lassen, nicht, weil er überzeugt wurde, sondern weil er merkt, dass es sicher ist, sich zu bewegen.

Leading erfordert innere Klarheit. Du musst wissen, wohin du führen willst, was du anbieten möchtest, wofür du einstehst. Du musst spüren, ob der Moment reif ist, ob dein Gegenüber bereit ist, ob der Weg, den du vorschlägst, für den anderen gangbar ist. Dieses innere Wissen kommt nicht aus Konzepten oder Techniken, sondern aus deiner Präsenz im Hier und Jetzt. Aus deiner Fähigkeit, feine Signale wahrzunehmen, dich selbst zu regulieren und auf das zu hören, was nicht gesagt wird. Leading ist dann nicht mehr etwas, das du tust, sondern etwas, das aus der Verbindung heraus geschieht, nicht gegen sie.

In der Praxis geschieht Leading oft durch kleine Veränderungen in der Sprache, im Ton, in der Körperhaltung. Wenn dein Gesprächspartner zuvor sehr aufgewühlt war und du mitgegangen bist, kannst du beginnen, ruhiger zu sprechen. Wenn du merkst, dass dein Tempo übernommen wird, kannst du es weiter verlangsamen. Wenn dein Gegenüber deine Worte aufgreift, kannst du beginnen, neue Wörter einzuführen - vielleicht eine Metapher, die mehr Weite zulässt, ein Bild, das Hoffnung schenkt, ein Begriff, der die Tür zu einer anderen Erfahrung öffnet. Du führst nicht im Sinne von lenken, sondern im Sinne von anbieten. Und du bleibst bereit, jederzeit wieder mitzuschwingen, wenn der andere nicht folgt.

Ein besonders kraftvolles Feld des Leadings zeigt sich in Veränderungsprozessen. Wenn ein Mensch in einem schwierigen Zustand ist, sei es Angst, Wut, Ohnmacht, Verwirrung oder Traurigkeit, und du diesen Zustand durch Pacing und Rapport begleitet hast, entsteht oft ein Moment, in dem sich etwas weitet. Ein kurzer Atemzug. Ein anderes Wort. Ein Blick. Dieser Moment ist nicht planbar, aber spürbar. Und genau hier kannst du beginnen, zu führen. Du kannst den Fokus verschieben. Du kannst die Aufmerksamkeit auf eine Ressource lenken, auf eine frühere Erfahrung von Kraft oder Verbundenheit. Du kannst eine neue Frage stellen, die nicht konfrontiert, sondern öffnet. Du kannst eine innere Bewegung vorschlagen: weg vom Problem, hin zu einer Möglichkeit.

Leading bedeutet dabei nicht, das Ziel vorzugeben. Es bedeutet, den Raum zu halten für eine neue Bewegung. Du kannst Richtungen zeigen, aber nicht bestimmen, wohin der andere geht. Du kannst einladen, aber nicht drängen. Du kannst Impulse setzen, aber du musst offen bleiben für das, was daraus entsteht. Diese Offenheit ist entscheidend. Denn nur wenn du bereit bist, loszulassen, kannst du echte Führung übernehmen. Alles andere wäre Kontrolle.

In der Arbeit mit Gruppen zeigt sich Leading als Gestaltung von Dynamiken. Wenn du mit einer Gruppe arbeitest, beginnst du mit dem Zuhören. Du nimmst wahr, wo die Gruppe steht, was sie braucht, wo sie festhängt, wo sie lebendig ist. Du pacest das Klima im Raum - in deiner Sprache, deinem Tempo, deiner Energie. Erst wenn du spürst, dass die Gruppe mit dir in Resonanz ist, beginnst du zu führen. Vielleicht durch eine veränderte Struktur. Vielleicht durch einen neuen Impuls. Vielleicht durch eine Frage, die Tiefe erzeugt. Vielleicht durch eine Einladung zum Perspektivwechsel. Auch hier gilt: Leading bedeutet nicht, besser zu wissen, wohin es gehen soll. Es bedeutet, der Bewegung zu vertrauen, die möglich ist, wenn Verbindung da ist.

Leading setzt voraus, dass du dich selbst führen kannst. Denn du wirst nur so weit führen können, wie du dir selbst vertraust. Wenn du in dir keine Klarheit hast, wenn du deinen eigenen Impulsen nicht trauen kannst, wirst du entweder zu zaghaft oder zu fordernd sein. Die innere Haltung im Leading ist deshalb geprägt von Selbstverantwortung. Du führst nicht, weil du stärker bist, sondern weil du bereit bist, in deiner Stärke präsent zu sein. Nicht überheblich, sondern dienend. Nicht kontrollierend, sondern unterstützend. Nicht überredend, sondern ermutigend.

Die Kunst des Leadings zeigt sich oft dann, wenn du eine Bewegung vorschlägst, ohne sie zu fordern. Wenn du etwas sagst, das die andere Person berührt, ohne dass du es erklärst. Wenn du einen Gedanken teilst, der zum Nachdenken anregt, ohne zu belehren. Wenn du mit deinem Sein einen Raum eröffnest, in dem Entwicklung geschehen kann. Das gelingt dir nicht durch Technik, sondern durch Präsenz. Und durch die Bereitschaft, zu vertrauen.

Manchmal bedeutet Leading auch, jemandem zuzutrauen, dass er einen eigenen Weg geht. Nicht mitzugehen, nicht zu halten, sondern loszulassen. Diese Form des Führens ist besonders herausfordernd, weil sie Unsicherheit zulässt. Sie bedeutet, dass du nicht immer sicher weißt, wie es weitergeht, aber dennoch in Verbindung bleibst. Sie bedeutet, dass du Angebote machst, ohne Erwartungen. Dass du begleitest, ohne zu drängen. Dass du vorangehst, ohne dich umzudrehen. Und dass du weißt: Der andere wird gehen, wenn er bereit ist, nicht, weil du ihn dazu gebracht hast, sondern weil du ihm den Raum gegeben hast, es selbst zu wollen.

Leading ist eine Einladung, menschliches Wachstum zu begleiten. Es ist ein stiller, kraftvoller Akt der Verbundenheit. Und es ist ein Ausdruck von Vertrauen - in dich, in den anderen, in den Prozess. Wer das versteht, wird nicht führen, um zu leiten, sondern um zu ermöglichen.

Praxisimpuls: Führen aus Beziehung

Wähle in den nächsten Tagen eine Situation, in der du bewusst Leading anwenden möchtest: im Gespräch, in einem Teamprozess, im Coaching oder in deinem Alltag. Achte darauf, ob Pacing und Rapport bereits vorhanden sind. Wenn ja, beginne, ganz behutsam, kleine Veränderungen vorzuschlagen. Verändere dein Tempo. Führe ein neues Wort ein. Lenke den Blick auf eine Ressource. Und beobachte:

- Wie reagiert mein Gegenüber auf meine Impulse?
- Wann folgt die andere Person und wann nicht?
- Was macht es mit mir, wenn jemand mir folgt - oder eben nicht?
- Wie fühlt sich das Führen an, wenn es aus Beziehung heraus entsteht?
- Welche Haltung hilft mir, offen und gleichzeitig klar zu bleiben?

Vielleicht wirst du spüren, dass Leading nicht darin liegt, die Richtung zu kennen, sondern darin, den Mut zu haben, Richtung zu geben, und gleichzeitig offen zu bleiben für das, was daraus entsteht.

Ziele, die wirklich motivieren

Ein Ziel ist nicht einfach nur ein Wunsch mit einem klaren Satz. Es ist ein lebendiges, inneres Bild davon, wohin sich etwas entwickeln darf. Es trägt Bedeutung, Resonanz und Richtung. Doch nicht jedes Ziel, das benannt wird, entfaltet diese Kraft. Viele Menschen spüren intuitiv, dass sie etwas verändern möchten, doch wenn sie versuchen, es in Worte zu fassen, bleibt das Ziel schwammig, unverbindlich, diffus. NLP legt deshalb großen Wert darauf, Ziele nicht nur zu benennen, sondern sie so zu formulieren, dass sie Wirkung entfalten können, im Inneren wie im Äußeren. Dabei helfen die sogenannten wohlformulierten Zielkriterien.

Diese Kriterien sind keine starre Checkliste, sondern eine Einladung, das eigene Ziel klarer, stimmiger und bewusster zu gestalten. Sie helfen dabei, innere Klarheit zu gewinnen, Hindernisse frühzeitig zu erkennen, die eigene Motivation zu stärken und das Ziel mit den eigenen Werten, Ressourcen und dem Lebensumfeld in Einklang zu bringen. Ein wohlformuliertes Ziel fühlt sich nicht wie ein Zwang an, sondern wie ein innerer Magnet. Es zieht an, statt zu drücken. Es inspiriert, statt zu überfordern. Und es passt zu dir, zu deinem Leben, zu deinem nächsten Entwicklungsschritt.

Das erste Kriterium für ein gut formuliertes Ziel ist, dass es positiv formuliert ist. Das bedeutet: Der Fokus liegt nicht auf dem, was weg soll, sondern auf dem, was entstehen darf. Viele Menschen äußern ihre Wünsche in Negationen - ich will nicht mehr so gestresst sein, ich möchte mich nicht mehr so wertlos fühlen, ich will nicht mehr ständig zurückweichen. Doch unser inneres System kann mit Negationen wenig anfangen. Es braucht ein Bild davon, wohin es gehen soll. Wer sich vorstellt, nicht mehr gestresst zu sein, sieht oft nur Leere. Wer sich stattdessen fragt, wie es aussehen würde, sich ruhig, klar und handlungsfähig zu fühlen, bekommt ein konkretes inneres Erleben, das motiviert. NLP arbeitet deshalb mit positiven Zielzuständen. Nicht im Sinne von toxischer Positivität, sondern weil Entwicklung ein Ziel braucht, das sichtbar und spürbar ist.

Ein weiteres wichtiges Kriterium ist die Eigenverantwortung. Ein Ziel sollte in deiner eigenen Hand liegen. Es geht nicht darum, dass andere sich verändern, dass jemand auf dich zukommt, dass äußere Umstände sich fügen. Es geht darum, was du selbst tun, denken, fühlen oder verändern kannst. Viele Zielvorstellungen scheitern daran, dass sie auf äußere Kontrolle ausgerichtet sind. Ich will, dass mein Partner mich versteht, ich wünsche mir, dass meine Chefin mich endlich anerkennt, ich hoffe, dass sich mein Umfeld mehr Mühe gibt. Solche Erwartungen sind nachvollziehbar, aber nicht zielführend. NLP fragt deshalb: Was kannst du selbst beitragen, verändern, einbringen? Was liegt in deinem Einflussbereich? Denn nur dort beginnt echte Wirksamkeit.

Ein drittes Kriterium betrifft die Sinnlichkeit und Konkretheit eines Ziels. Ein Ziel, das nicht sinnlich erfahrbar ist, bleibt abstrakt. NLP fragt deshalb: Was wirst du sehen, wenn du dein Ziel erreicht hast? Was wirst du hören? Was wirst du fühlen? Diese Fragen helfen dabei, das Ziel im Erleben zu verankern. Es geht nicht um Esoterik oder Wunschdenken, sondern um die Verknüpfung von Ziel und innerem Zustand. Ein Ziel, das du sehen, hören und spüren kannst, wirkt wie ein innerer Anker. Es bleibt nicht im Kopf, sondern geht in den Körper. Und der Körper ist ein entscheidender Partner auf dem Weg zur Veränderung.

Eng damit verbunden ist die Frage nach dem Kontext. Ein Ziel entfaltet seine Wirkung nur dann, wenn es in eine passende Umgebung eingebettet ist. NLP fragt: Wo, wann und mit wem möchtest du dieses Ziel erreichen? Gibt es bestimmte Situationen, in denen es besonders wichtig ist? Oder auch solche, in denen es vielleicht weniger passt? Ein Ziel, das ohne Kontext formuliert ist, bleibt oft vage. Wenn du zum Beispiel sagst, ich will gelassener sein, bleibt die Frage offen: Wann genau? In welchen Situationen fällt dir das schwer? Und wo fällt es dir vielleicht schon leichter? Diese Differenzierung macht das Ziel realistischer und erreichbarer.

Auch die Ökologie eines Ziels spielt eine wichtige Rolle. Damit ist nicht die Umwelt im klassischen Sinn gemeint, sondern das innere und äußere Gleichgewicht. NLP fragt: Was wird sich verändern, wenn du dieses Ziel erreichst? Was wird besser, und was könnte schwieriger werden? Welche Auswirkungen hat es auf andere Lebensbereiche, auf deine Beziehungen, auf deine Gesundheit, auf deine Werte? Ein Ziel, das gegen deine eigenen Überzeugungen oder Loyalitäten arbeitet, wird inneren Widerstand erzeugen. Ein Ziel, das mit deinen inneren Stimmen im Einklang steht, wird dich unterstützen. Diese Prüfung der inneren und äußeren Stimmigkeit ist zentral für nachhaltige Entwicklung.

Ein weiterer Aspekt ist die Skalierbarkeit eines Ziels. Ein großes Ziel kann inspirieren - aber auch überfordern. NLP arbeitet deshalb oft mit Etappen, mit Zwischenzielen, mit Teilabschnitten. Es fragt: Was wäre ein erster kleiner Schritt? Woran würdest du merken, dass du dich in die richtige Richtung bewegst? Was wäre eine kleine Veränderung, die heute möglich ist? Diese Arbeit mit der Skalierung hilft dabei, das Ziel in den Alltag zu bringen. Es geht nicht um den perfekten Plan, sondern um Bewegung. Und jede noch so kleine Bewegung zählt.

Schließlich ist auch die emotionale Bedeutung eines Ziels ein zentrales Kriterium. Ein Ziel, das keine emotionale Resonanz auslöst, wird kaum verfolgt. NLP fragt deshalb: Was bedeutet dir dieses Ziel wirklich? Wofür steht es? Welcher Wunsch liegt darunter? Welche Sehnsucht ist damit verbunden? Und was verändert sich in deinem Selbstbild, wenn du es erreichst? Diese Fragen führen tief, aber sie machen das Ziel lebendig. Denn Ziele sind immer auch Ausdruck unserer Identität. Und Identität ist nichts Festes, sondern etwas, das sich durch Erfahrungen bildet, erweitert und vertieft.

Ein Ziel, das all diese Kriterien erfüllt, ist nicht nur ein Satz auf einem Papier. Es ist ein inneres Bild, ein Klang, ein Gefühl, ein Impuls. Es ist etwas, das dich zieht, statt dich zu treiben. Es ist etwas, das dich stärkt, statt dich unter Druck zu setzen. Und es ist etwas, das zu dir passt - jetzt, in diesem Moment deines Lebens.

Praxisimpuls: Dein Ziel auf dem Prüfstand

Wähle ein Ziel, das dir wichtig ist. Nimm dir Zeit, es mit folgenden Fragen zu beleuchten:

- Ist dein Ziel positiv formuliert, oder steht es im Schatten dessen, was du vermeiden willst?
- Liegt es in deinem Einflussbereich, oder hängt es von anderen ab?
- Kannst du dir vorstellen, wie es aussieht, klingt und sich anfühlt, wenn du es erreicht hast?
- In welchem Kontext willst du es leben: wann, wo, mit wem?
- Ist es stimmig mit deinen Werten, Bedürfnissen und Lebensbereichen?
- Gibt es kleine erste Schritte, die dir den Weg erleichtern?
- Spürst du eine echte emotionale Verbindung - oder bleibt es ein Konzept?

Vielleicht wirst du merken, dass dein Ziel noch ein wenig Nachjustierung braucht. Oder du wirst spüren, dass es genau richtig ist, so wie es ist. In beiden Fällen hast du etwas Wichtiges über dich gelernt.

Zielarbeit mit Struktur

Es gibt Momente im Leben, in denen der Wunsch nach Veränderung so stark ist, dass er fast alles andere überstrahlt. Doch ein bloßes Gefühl oder ein vager Wunsch genügen selten, um eine wirkliche Transformation zu bewirken. Was einen Weg aus dem Träumen in die Realität überführt, ist die Fähigkeit, klare, stimmige und umsetzbare Ziele zu formulieren. Im NLP wird dieser Prozess nicht als rein kognitive Aufgabe verstanden, sondern als ein integraler Teil der Selbsterfahrung, der den ganzen Menschen, sein Denken, Fühlen und Handeln, umfasst. Dabei spielt das SMART-Modell eine zentrale Rolle, denn es strukturiert den Weg von einem abstrakten Wunsch zu einem konkreten, lebendigen Ziel, das sich nicht nur im Geist, sondern in allen Sinnen erfahrbar macht.

Die Grundlage des SMART-Modells liegt in der Überzeugung, dass ein Ziel erst dann kraftvoll wird, wenn es in seiner Formulierung alle Elemente berücksichtigt, die notwendig sind, damit es innerlich resoniert und im Alltag wirksam wird. Das Modell besteht aus fünf wesentlichen Kriterien: spezifisch, messbar, attraktiv, realistisch und terminisiert. Diese fünf Komponenten sind dabei nicht als starre Regeln zu verstehen, sondern als lebendige Leitlinien, die dir helfen, deine Wünsche in ein inneres Bild zu transformieren, das dich antreibt. Denn ein Ziel, das nur vage formuliert ist, bleibt in der Ebene der Träume stecken, während ein klar definiertes Ziel zu einer Kraft wird, die deine Handlungen steuert und dich in die Richtung deines Wunschzustandes lenkt.

Ein Ziel ist spezifisch, wenn es klar und eindeutig beschreibt, was erreicht werden soll. Es geht darum, die Details zu benennen, die dir wichtig sind, damit du dir vorstellen kannst, wie dein Leben aussieht, wenn das Ziel erreicht ist. Statt zu sagen „Ich will erfolgreicher werden" formulierst du etwa: „Ich möchte in den nächsten sechs Monaten meine Umsätze um 20 Prozent steigern, indem ich mein Netzwerk erweitere, gezielte Marketingmaßnahmen einführe und meine Produktpräsentationen optimiere." Diese konkrete Formulierung macht den Unterschied aus, denn sie lädt dein inneres System dazu ein, ein präzises Bild zu entwickeln. In deinem Kopf entsteht ein Film, der zeigt, wie du aktiv wirst, wie du dich in Situationen bewegst, wie du auf andere zugehst. Und dieses Bild wird zur Landkarte, die deinen Weg weist.

Messbarkeit ist das zweite Kriterium und stellt sicher, dass du Fortschritte und Erfolge auch wirklich erkennen kannst. Es geht darum, Kriterien zu definieren, anhand derer du prüfen kannst, ob dein Ziel erreicht ist oder wie nah du ihm gekommen bist. Dies muss nicht immer in Zahlen erfolgen, auch qualitative Veränderungen können messbar sein, wenn du sie in konkreten Anhaltspunkten festhältst. Zum Beispiel kannst du messen, wie sich dein Stresslevel verändert, indem du regelmäßig festhältst, wie du dich körperlich fühlst oder welche Gedanken in dir aufkommen, wenn du an bestimmte Herausforderungen denkst. Eine Methode ist, regelmäßig kleine Reflexionsphasen einzubauen, in denen du deine innere Wahrnehmung notierst und vergleichst. So wird aus einer bloßen Absicht ein nachvollziehbarer Prozess, der dir zeigt, wo du stehst und was noch zu tun ist.

Attraktivität, das dritte Kriterium, bezieht sich auf die emotionale Anziehungskraft deines Ziels. Ein Ziel muss nicht nur rational begründet sein, sondern vor allem in dir eine Leidenschaft entfachen. Es sollte mit deinen tiefsten Werten und Bedürfnissen in Einklang stehen. Wenn du dir ein Ziel setzt, das dir persönlich bedeutungsvoll erscheint, wirst du unbewusst mehr Energie und Engagement aufbringen, um es zu erreichen. Es geht darum, den inneren Motor in Gang zu setzen - die Vorstellung, wie sich dein Leben anfühlen wird, wenn du das Ziel realisiert hast, kann eine immense Motivation darstellen. Die emotionale Komponente ist oft der entscheidende Faktor, der den Weg ebnet, wenn es einmal schwierige Phasen gibt. Denn ein Ziel, das von innen heraus strahlt, zieht dich an und lässt dich nicht los, selbst wenn äußere Umstände wechselhaft sind.

Realismus ist das vierte Element und verweist auf die Notwendigkeit, dass dein Ziel in deinen aktuellen Lebensumständen und mit deinen vorhandenen Ressourcen erreichbar sein muss. Dies bedeutet nicht, dass du dir niemals große Ziele setzen darfst - vielmehr geht es darum, realistisch abzuschätzen, was unter den gegebenen Bedingungen machbar ist. Ein Ziel muss herausfordernd sein, aber auch erreichbar, damit du nicht in Frustration oder Resignation verfällst. Es ist hilfreich, sich zu fragen: Was ist aktuell möglich? Welche Erfahrungen und Fähigkeiten hast du, die dich bereits unterstützen? Wenn du beispielsweise feststellst, dass du deine Kommunikationsfähigkeiten verbessern möchtest, könnte ein realistisches Ziel sein, in den nächsten drei Monaten an einem Rhetorik-Workshop teilzunehmen und anschließend regelmäßig in einem kleinen

Netzwerk Redebeiträge zu halten. Ein solches Ziel ist fordernd, aber in einem realistischen Rahmen gesetzt, sodass du Schritt für Schritt Fortschritte machen kannst.

Das fünfte Kriterium, Terminisierung, gibt deinem Ziel einen klaren zeitlichen Rahmen. Ohne einen festen Zeitraum neigt ein Ziel dazu, in den Hintergrund zu rücken und an Dringlichkeit zu verlieren. Eine klare Terminisierung sorgt dafür, dass du dir einen festen Zeitraum setzt, innerhalb dessen du deine Fortschritte überprüfen und das Endergebnis feiern kannst. Dies schafft nicht nur Struktur, sondern auch eine gewisse Dringlichkeit, die dich dazu anspornt, aktiv zu werden. Es ist wichtig, dass der Zeitrahmen realistisch ist und genügend Spielraum für unvorhergesehene Ereignisse lässt, ohne dass das Ziel an Klarheit verliert. So wird aus einem vagen Wunsch ein konkretes Vorhaben, das du in Etappen umsetzt und dessen Erfolg du regelmäßig überprüfen kannst.

Alle fünf Elemente des SMART-Modells wirken zusammen, um ein Ziel zu formen, das sowohl rational als auch emotional stimmig ist. Das Modell ist dabei nicht als starre Formel zu verstehen, sondern als dynamischer Prozess, in dem du immer wieder überprüfen und anpassen kannst, ob dein Ziel noch in Einklang mit deiner inneren Entwicklung steht. Es geht nicht darum, sich in ein vorgegebenes Raster zu pressen, sondern darum, sich selbst besser kennenzulernen und authentisch zu werden. Denn nur wer weiß, was er wirklich will, und das auch in allen Sinnen erleben kann, wird den Mut finden, den ersten Schritt zu gehen und sich auf den Weg zu machen.

Die praktische Umsetzung des SMART-Modells im NLP erfordert zudem, dass du dich mit deinen eigenen inneren Blockaden auseinandersetzt. Oft stehen uns alte Glaubenssätze, Zweifel oder negative Selbstbilder im Weg. Vielleicht glaubst du unbewusst, dass du es nicht verdienst, dein Ziel zu erreichen, oder dass es sowieso zu schwer sein wird, Veränderungen vorzunehmen. NLP bietet hier Werkzeuge, um diese inneren Hindernisse zu erkennen und zu transformieren. Es geht darum, nicht nur das äußere Ziel zu definieren, sondern auch den inneren Zustand zu verändern, sodass das Ziel harmonisch in dein Selbstbild integriert wird. Indem du beispielsweise positive innere Bilder erzeugst, die mit deinem Ziel verknüpft sind, oder deine Stimme, deinen Ton und dein Körpergefühl veränderst, kannst du deine Zielvorstellungen lebendig machen und sie mit der Kraft deiner eigenen Ressourcen untermauern.

Ein weiterer wichtiger Aspekt, der im Rahmen des SMART-Modells oft unterschätzt wird, ist die kontinuierliche Überprüfung und Anpassung deines Ziels. Ziele sind nicht in Stein gemeißelt; sie entwickeln sich mit dir. Es kann hilfreich sein, regelmäßig innezuhalten und zu reflektieren: Wie weit bin ich gekommen? Hat sich meine Sichtweise verändert? Muss das Ziel neu formuliert werden, um besser zu mir zu passen? Dieser dynamische Prozess sorgt dafür, dass dein Ziel nicht statisch bleibt, sondern mit dir wächst - und das gibt dir auch die Möglichkeit, Erfolge zu feiern, Teilziele zu setzen und deine Fortschritte zu dokumentieren. Es ist ein lebendiger Dialog zwischen deinem inneren Erleben und der äußeren Welt.

Die SMART-Kriterien bieten auch eine Möglichkeit, dein Ziel nicht nur aus der eigenen Perspektive zu betrachten, sondern auch im Kontext deiner Umwelt und deiner Beziehungen. Es geht darum, zu überlegen, wie sich dein Ziel auf dein Umfeld auswirkt, welche positiven Impulse es auch in anderen Bereichen deines Lebens setzen kann und ob es im Einklang mit den Bedürfnissen der Menschen steht, die dir wichtig sind. Denn wahre Veränderung findet nicht isoliert statt, sondern in einem System, in dem alles miteinander verbunden ist. Wenn du beispielsweise ein Ziel im beruflichen Kontext formulierst, kann es sinnvoll sein, auch die Auswirkungen auf deine Kollegen, Vorgesetzten oder Kunden zu bedenken. Ein Ziel, das allen Beteiligten gut tut, wird leichter akzeptiert und erfolgreicher umgesetzt.

Insgesamt führt das SMART-Modell dazu, dass ein Ziel nicht nur als eine abstrakte Vorstellung, sondern als ein konkreter, erfahrbarer Zustand entsteht. Es wird zu einem inneren Kompass, der dir hilft, jeden Tag bewusst und zielgerichtet zu handeln. Du entwickelst ein Gefühl dafür, was möglich ist und was nicht, und findest Wege, kleine Schritte zu gehen, die sich zu einem großen Ganzen summieren. Diese Klarheit macht dich nicht nur erfolgreicher, sondern auch zufriedener, denn du bist in der Lage, dein Leben in die eigene Hand zu nehmen und es aktiv zu gestalten.

Praxisimpuls: Der SMART-Check deines Ziels

Nimm dir in den nächsten Tagen bewusst Zeit, um ein Ziel, das dir wichtig ist, im SMART-Modell zu formulieren. Setze dich in Ruhe hin und beantworte die folgenden Fragen schriftlich oder in einem inneren Dialog:

- Wie genau kannst du dein Ziel formulieren, sodass du dir ein klares Bild davon machen kannst, was du erreichen möchtest?
- Welche messbaren Kriterien kannst du definieren, anhand derer du deinen Fortschritt überprüfen kannst?
- Warum ist dieses Ziel für dich attraktiv, und welche emotionale Bedeutung hat es für dich?
- Welche vorhandenen Ressourcen und Fähigkeiten unterstützen dich dabei, dieses Ziel realistisch zu erreichen, und welche Hindernisse könntest du überwinden?
- Bis wann möchtest du dein Ziel erreicht haben, und wie gestaltest du den zeitlichen Rahmen so, dass er herausfordernd, aber machbar ist?

Lass dir Zeit, über jede Frage nachzudenken. Vielleicht entdeckst du, dass sich dein Ziel durch diese Strukturierung verändert - es wird greifbarer, lebendiger, zu einem inneren Anker, der dich in schwierigen Momenten trägt. Vielleicht wirst du feststellen, dass bereits kleine Schritte, wenn sie in die richtige Richtung gehen, einen großen Unterschied machen können. Halte deine Erkenntnisse fest und nutze sie als Grundlage für deine weiteren Schritte. Denn ein Ziel, das in all seinen

Aspekten stimmig ist, wird nicht nur erreicht, sondern wirkt nachhaltig in deinem Leben.

Die Kunst, Ressourcen verfügbar zu machen

Manche Augenblicke brennen sich ein. Eine Berührung, ein Lied, ein Blick, und plötzlich ist ein ganzes Gefühl wieder da. Die innere Ruhe eines Abends am See. Die Aufregung vor dem ersten Kuss. Die Traurigkeit nach einem Abschied. Oft wissen wir nicht einmal genau, warum diese Welle von Emotion in uns aufsteigt. Doch sie kommt, manchmal unerwartet, manchmal im perfekten Moment. Was hier geschieht, ist ein Anker in Aktion - ein Vorgang, der tief in unserer menschlichen Erfahrung verwurzelt ist und im NLP zu einer gezielt nutzbaren Technik wird.

Ankern beschreibt im NLP die bewusste Verknüpfung eines bestimmten inneren Zustands mit einem äußeren Reiz. Dieser Reiz kann eine Geste, ein Ton, ein Wort, ein Geruch oder sogar ein bestimmter Blick sein. Die Grundidee dabei ist, dass unser Gehirn auf Wiedererkennung programmiert ist. Es reagiert auf Wiederholungen und Muster, auf Assoziationen und gespeicherte Erfahrungen. So wie ein bestimmter Song uns an einen Sommer erinnert oder der Duft von Vanilleplätzchen ein Gefühl von Geborgenheit hervorruft, lässt sich ein gewünschter Zustand mit einem selbst gewählten Auslöser verknüpfen. Und das bedeutet: Emotionale Ressourcen wie Gelassenheit, Mut oder Motivation können gezielt aktiviert werden, dann, wenn sie gebraucht werden.

Im Alltag geschieht Ankern oft unbewusst. Ein Mensch, der immer wieder in stressigen Situationen zum Handy greift, verknüpft das Gerät mit Beruhigung oder

Ablenkung. Ein anderer beruhigt sich durch eine bestimmte Atemtechnik oder ein selbst gesprochenes Mantra. Diese Reiz-Reaktions-Ketten sind im Gehirn neurologisch verankert und laufen häufig automatisiert ab. NLP nutzt dieses Prinzip gezielt. Durch sorgfältige Anleitung und Übung entsteht die Möglichkeit, sich Zugang zu inneren Zuständen zu verschaffen, ohne auf Zufälle angewiesen zu sein.

Im Prozess des Ankerns kommt es auf den richtigen Moment an. Zunächst wird ein gewünschter Zustand gezielt hervorgerufen. Das kann durch Erinnerung geschehen, durch Imagination oder durch eine entsprechende innere Ausrichtung. Entscheidend ist die Intensität der inneren Erfahrung. Je klarer und kraftvoller der gewünschte Zustand erlebt wird, desto wirksamer kann er später über einen Anker abgerufen werden. In dem Moment, in dem der Zustand seinen Höhepunkt erreicht, wird der Anker gesetzt - durch eine kurze, prägnante Geste oder einen klar definierten Reiz. Wiederholt man diesen Prozess, verstärkt sich die Verknüpfung. Der Anker wird stabil. Mit etwas Übung genügt schließlich der Reiz allein, um den inneren Zustand erneut zu aktivieren.

Die Methode hat viele Gesichter. Ein Sportler, der vor dem Wettkampf durch das Zusammenpressen seiner Fäuste Mut aktiviert. Eine Rednerin, die durch einen tiefen Atemzug und das Berühren ihres Ringes Ruhe und Präsenz in sich wachruft. Oder ein Schüler, der durch das leise Klopfen auf seinen Oberschenkel wieder in einen Zustand der Konzentration gelangt. Das Ankern ermöglicht es, Brücken zu bauen, zwischen dem Jetzt und dem gewünschten Zustand, zwischen innerer Haltung und äußerem Ausdruck, zwischen Vorstellung und Handlung.

Auch negative Zustände sind oft verankert. Ein bestimmter Tonfall löst Unsicherheit aus, ein Raum Erinnerungen an Versagen. Im NLP wird daher nicht nur mit positiven Ankern gearbeitet, sondern auch mit dem Lösen unerwünschter Verankerungen. Techniken wie das sogenannte „Collapsing Anchors" zielen darauf ab, zwei gegensätzliche Zustände miteinander zu verknüpfen, sodass der positive Zustand den negativen überschreibt. Das klingt zunächst mechanisch, ist aber in der Praxis eine feinfühlige, achtsame Arbeit mit inneren Bildern, Gefühlen und Erfahrungen.

Beim Ankern ist es entscheidend, die Eigenverantwortung der Übenden zu betonen. Kein Anker wirkt ohne innere Bereitschaft. Es ist keine Zaubertechnik, kein geheimnisvoller Knopf, der zuverlässig Glück oder Mut auf Knopfdruck liefert. Vielmehr handelt es sich um eine Einladung zur Selbstbegegnung. Die Wirksamkeit eines Ankers hängt stark vom Maß der inneren Beteiligung ab, von der Authentizität des Erlebens und der Bereitschaft, sich mit den eigenen inneren Bildern und Emotionen wirklich zu verbinden. Wer das tut, kann über die Technik hinaus viel über sich selbst erfahren.

In der Ausbildung zum NLP-Practitioner hat das Ankern einen festen Platz. Es gehört zu den grundlegenden Formaten, die nicht nur methodisch beherrscht, sondern auch persönlich erfahren werden sollen. Durch das Erleben in der eigenen Biografie, durch das Erkunden eigener Ressourcen und durch das bewusste Setzen von

Ankern für verschiedene Lebenssituationen entsteht eine neue Form innerer Selbstführung. Ankern wird nicht nur Technik, sondern Haltung. Eine Haltung, die sagt: Ich habe Zugang zu mir. Ich bin gestaltend, nicht ausgeliefert. Ich kann Einfluss nehmen: auf mein Erleben, auf meine Reaktion, auf meine Wirklichkeit.

Diese Haltung kann vor allem in Momenten großer Unsicherheit eine wertvolle Kraftquelle sein. Wer gelernt hat, in sich selbst einen Ort der Ruhe oder der Stärke zu aktivieren, dem stehen auch in komplexen Lebenslagen Werkzeuge zur Verfügung. In diesem Sinne ist Ankern mehr als ein Mittel zur Zustandssteuerung. Es ist ein Werkzeug zur Selbstverbindung, zur Integration und zur bewussten Gestaltung der eigenen Erfahrungswelt.

Dabei ist nicht jedes Ankern gleich effektiv. Manchmal dauert es, bis sich der richtige Reiz findet oder der gewünschte Zustand wirklich stark genug spürbar wird. Es braucht Wiederholung, Geduld und manchmal auch ein wenig Experimentierfreude. Doch genau darin liegt der Wert: In der bewussten Auseinandersetzung mit der Frage, was uns stärkt, was uns zentriert, was uns erinnert. Ankern lädt dazu ein, sich selbst besser kennenzulernen. Und wer sich selbst besser kennt, kann auch anderen mit mehr Präsenz, Klarheit und Empathie begegnen.

In der Gruppenarbeit lassen sich Anker auch kollektiv nutzen. Gemeinsame Rituale, wiederkehrende Sätze, Bewegungen oder Musikstücke können in Gruppenprozessen als Anker für bestimmte Zustände verwendet werden. Sie fördern Sicherheit, Vertrautheit und

Orientierung. Auch in Coaching- oder Beratungssituationen können Anker als Transferhilfen dienen, indem der Klient oder die Klientin eine innere Erkenntnis mit einem konkreten äußeren Reiz verbindet, der später im Alltag erinnert und genutzt werden kann. Dadurch entsteht eine Brücke vom Erleben im geschützten Raum zur Anwendung im echten Leben.

Wichtig bleibt jedoch: NLP arbeitet nicht mit Magie, sondern mit Modellen menschlicher Erfahrung. Ankern ist ein solches Modell. Es beschreibt eine Möglichkeit, wie Menschen auf Reize reagieren, wie Erfahrungen gespeichert und abgerufen werden können, wie Lernen durch emotionale Verknüpfung geschieht. Wer NLP ernst nimmt, bleibt neugierig, überprüft die Wirksamkeit, achtet auf die ethische Verantwortung im Umgang mit diesen Methoden und nutzt sie nie manipulativ, sondern immer im Sinne der Stärkung des Gegenübers.

So verstanden, wird Ankern zu einer Einladung. Einer Einladung, eigene Ressourcen zu entdecken, sie greifbar zu machen und sich in schwierigen Situationen auf das zu besinnen, was bereits in einem vorhanden ist. Vielleicht ist das größte Geschenk des Ankers nicht die sofortige Wirkung, sondern das Gefühl, Einfluss nehmen zu können. Auf das eigene Erleben. Auf die eigene Geschichte. Auf das eigene Jetzt.

Praxisimpuls: Deine persönlichen Anker entdecken

Nimm dir Zeit für eine kleine Reise zu deinen inneren Ressourcen. Vielleicht möchtest du dir einen ruhigen Ort suchen und ein Notizbuch bereitlegen, um deine Gedanken festzuhalten. Lass dich von folgenden Fragen und Impulsen begleiten:

* Denk an eine Situation, in der du dich besonders stark, ruhig oder zuversichtlich gefühlt hast. Wo warst du? Was hast du gesehen, gehört, gespürt?
* Was genau hat dieses Gefühl in dir ausgelöst? Gab es einen bestimmten Reiz, eine Bewegung, ein Geräusch, ein inneres Bild?
* Wenn du diesen Zustand in deinem Alltag öfter spüren könntest: In welchen Situationen wäre das besonders hilfreich?
* Probiere aus, diesen inneren Zustand jetzt bewusst zu aktivieren. Wähle einen einfachen Reiz - etwa das Berühren eines Fingers, ein bestimmtes Wort oder eine kleine Geste. Spüre, wie sich dieser Anker anfühlt.
* Wie kannst du diesen Anker in deinen Alltag integrieren? Wann möchtest du ihn einsetzen, um dich selbst zu stärken?

Ankern bedeutet, Zugang zu dem zu finden, was bereits in dir vorhanden ist. Vielleicht wirst du überrascht sein, wie viel Kraft du in dir tragen kannst - wenn du weißt, wie du sie erreichst.

Hinter die Sprache blicken

Sprache ist mehr als ein Werkzeug der Verständigung. Sie ist ein Fenster zur inneren Welt. In jedem Satz, den wir sprechen, schwingt ein Stück unserer Wirklichkeit mit. Und gleichzeitig erschaffen wir durch Sprache neue Realitäten. Wir benennen, strukturieren, vereinfachen, verdichten. Dabei ist es nicht die Sprache an sich, die Realität abbildet, sondern unser Gebrauch von Sprache, der Hinweise auf unsere inneren Landkarten liefert. Im NLP ist das Metamodell der Sprache ein Instrument, das diesen Prozessen auf die Spur kommt. Es bietet einen methodischen Zugang zur bewussten Auseinandersetzung mit den sprachlichen Mustern, durch die Menschen ihre Erfahrungen organisieren, beschreiben und mit anderen teilen.

Das Metamodell wurde von Richard Bandler und John Grinder in den 1970er-Jahren entwickelt. Es basiert auf linguistischen Erkenntnissen, insbesondere auf der Transformationsgrammatik nach Noam Chomsky, sowie auf den Beobachtungen erfolgreicher Psychotherapeut:innen wie Virginia Satir und Fritz Perls. Die Grundannahme dahinter lautet: Menschen sprechen nicht über die Welt, wie sie ist, sondern über ihre Interpretation dieser Welt. Und in dieser Interpretation finden sich systematische Verzerrungen, Tilgungen und Generalisierungen, die sich auch sprachlich erkennen lassen. Das Metamodell hilft, diese Muster zu identifizieren und durch gezieltes Nachfragen neue, differenziertere Sichtweisen zu ermöglichen.

Zentral ist dabei die Vorstellung, dass jeder Mensch über eine innere Repräsentation seiner Erfahrungen verfügt, eine Landkarte der Wirklichkeit. Diese Landkarte ist nie vollständig, sondern entsteht durch Auswahlprozesse. Was wir wahrnehmen, erinnern und benennen, ist immer ein Ausschnitt. Diese Prozesse der inneren Modellbildung zeigen sich in der Sprache. Wer genau hinhört, erkennt typische Muster: Wörter, die vage bleiben. Aussagen, die Ursache und Wirkung vermischen. Begriffe, die ganze Erlebniswelten zusammenfassen, ohne sie zu erklären. Pauschale Urteile. Verdeckte Bewertungen. All das sind Hinweise auf die Struktur der inneren Landkarte eines Menschen. Und sie bieten einen Ansatzpunkt für Veränderung.

Das Metamodell der Sprache unterscheidet drei Hauptkategorien sprachlicher Verzerrung: Tilgungen, Generalisierungen und Verzerrungen. Tilgung bedeutet, dass Informationen weggelassen werden. In einem Satz wie „Ich bin enttäuscht" fehlt etwa, worüber genau, von wem, seit wann. Oder wenn jemand sagt: „Das macht mich wütend", bleibt unklar, was genau mit „das" gemeint ist. Auch Aussagen wie „Ich habe keine Zeit" sind typische Tilgungen. Es wird nicht gesagt, wofür keine Zeit ist, wer die Zeit verlangt, was stattdessen getan wird.

Generalisierungen drücken sich in Formulierungen wie „Immer machst du das" oder „Niemand versteht mich" aus. Hier wird aus einer konkreten Erfahrung ein übergreifendes Muster konstruiert. Auch Aussagen wie „Man kann da sowieso nichts ändern" oder „Das ist eben so" sind typische Generalisierungen. Sie wirken wie feststehende Regeln, obwohl sie meist nur auf einzelne Erfahrungen beruhen. Sie verengen den Handlungsspielraum und verleihen dem Gesagten scheinbar objektive Gültigkeit.

Verzerrungen wiederum zeigen sich, wenn etwa angenommen wird, was andere denken oder fühlen: „Sie denkt sicher, ich bin unfähig." Oder wenn aus einer Vermutung ein Fakt gemacht wird: „Das wird nie funktionieren." Auch Aussagen wie „Er hat mich wütend gemacht" spiegeln eine Verzerrung wider, denn sie implizieren, dass der andere für das eigene Gefühl verantwortlich ist. Tatsächlich ist das Gefühl jedoch eine Reaktion, keine zwingende Folge.

Das Metamodell will diese Muster nicht bewerten, sondern bewusst machen. Es geht nicht darum, die Sprache zu korrigieren, sondern durch gezielte Fragen Raum für Differenzierung zu schaffen. Die Kunst liegt darin, auf eine Weise nachzufragen, die weder belehrend noch konfrontativ wirkt, sondern zur Reflexion anregt. Die typischen Fragen des Metamodells zielen darauf ab, die getilgte Information zu rekonstruieren, die Generalisierung zu überprüfen oder die Verzerrung zu entlarven. Das kann etwa durch Fragen wie „Wer genau?" oder „Immer?" oder „Woher weißt du das?" geschehen.

Ein Beispiel macht das deutlich: Wenn jemand sagt „Ich muss das tun", könnte die Rückfrage lauten: „Wer sagt das?" oder „Was würde passieren, wenn du es nicht tun würdest?" Durch diese Fragen wird der implizite Zwang, der in der Aussage steckt, aufgedeckt. Vielleicht zeigt sich dann, dass es sich gar nicht um ein echtes Muss handelt, sondern um eine selbst auferlegte Erwartung. Oder dass eine Alternative denkbar wäre, die zuvor ausgeblendet war. Auf diese Weise schafft das Metamodell Bewegung in starren Mustern. Es fördert Bewusstheit und eröffnet neue Wahlmöglichkeiten.

Im NLP wird das Metamodell als Werkzeug verstanden, das sowohl in der Einzelarbeit als auch in der Gruppenkommunikation genutzt werden kann. Es eignet sich für Coaching, Therapie, Beratung, Mediation und Supervision - überall dort, wo es darum geht, die Sprache als Zugang zur inneren Wirklichkeit zu nutzen. Dabei geht es nicht darum, Menschen auf sprachliche Ungenauigkeiten festzunageln, sondern mit ihnen gemeinsam die Bedeutungsräume zu erkunden, die hinter ihren Worten liegen. Wer das Metamodell mit Einfühlungsvermögen anwendet, eröffnet seinem Gegenüber die Möglichkeit, sich selbst auf neue Weise zu verstehen.

Ein zentraler Aspekt ist dabei die Haltung, mit der das Metamodell eingesetzt wird. Es geht nicht darum, recht zu haben oder Aussagen zu zerlegen, sondern darum, innere Klarheit zu fördern. Diese Klarheit kann unangenehm sein. Manchmal wird sichtbar, wie viele der eigenen Überzeugungen auf unreflektierten Annahmen beruhen. Doch genau in dieser Konfrontation liegt das Potenzial zur Veränderung. Denn Sprache formt unser Denken - und wer seine Sprache bewusst verändert, verändert auch seine Gedankenstrukturen.

Die Anwendung des Metamodells erfordert Übung. Es verlangt Aufmerksamkeit, Feingefühl und ein Gespür für Nuancen. Nicht jede Frage passt in jede Situation.

Manchmal ist es wichtiger, zuzuhören als zu hinterfragen. Und manchmal genügt eine einzige gut gesetzte Frage, um einen entscheidenden Denkprozess in Gang zu setzen. Daher wird das Metamodell nicht als starres Fragekorsett vermittelt, sondern als eine Art Landkarte für sprachliche Orientierung. Wer es beherrscht, gewinnt ein Instrument, um Gesprächsführung präziser, bewusster und wirkungsvoller zu gestalten.

In der Ausbildung zum NLP-Practitioner ist das Metamodell ein zentrales Element. Es hilft nicht nur dabei, sprachliche Muster bei Klient:innen zu erkennen, sondern auch bei sich selbst. Die bewusste Auseinandersetzung mit den eigenen sprachlichen Automatismen führt zu mehr Selbstwahrnehmung und Reflexionsfähigkeit. Wer merkt, dass er oft in Pauschalen spricht oder unausgesprochene Prämissen formuliert, kann beginnen, präziser zu denken und zu sprechen. Das stärkt nicht nur die Kommunikation, sondern auch die Selbstführung.

Darüber hinaus ist das Metamodell auch eine Einladung, Sprachräume zu öffnen. In einer Zeit, in der Kommunikation oft von Missverständnissen, Polarisierungen und Vereinfachungen geprägt ist, bietet es einen Weg zurück zur Differenzierung. Es lädt dazu ein, wieder Fragen zu stellen, wo vorschnelle Urteile gefallen sind. Es fördert die Bereitschaft, sich in die Perspektive des Anderen hineinzudenken und Wirklichkeit nicht als gegeben, sondern als konstruiert zu begreifen. In diesem Sinne ist das Metamodell mehr als eine Technik. Es ist eine Haltung - der Offenheit, der Neugier, der sprachlichen Achtsamkeit.

Wer sich auf diesen Weg einlässt, wird bald feststellen, dass sich die Welt verändert. Nicht, weil sie sich objektiv verändert hätte, sondern weil sich die Art verändert hat, sie wahrzunehmen, zu benennen und zu verstehen. In diesem Wandel liegt die eigentliche Kraft des NLP: die bewusste Gestaltung der eigenen inneren Wirklichkeit durch Sprache, Wahrnehmung und Handlungsfähigkeit.

Praxisimpuls: Sprache neu entdecken

Nimm dir bewusst Zeit für eine Entdeckungsreise durch deine eigene Sprache. Du brauchst nichts weiter als einen ruhigen Moment und die Bereitschaft, genau hinzuhören, am besten auch auf dich selbst.

- Denke an eine wiederkehrende Aussage, die du oft machst, zum Beispiel in Konflikten, im Alltag oder in herausfordernden Situationen. Welche typischen Formulierungen verwendest du?
- Gibt es in deinen Aussagen Wörter wie „immer", „nie", „alle", „niemand", „muss", „kann nicht", „es geht nicht"?
- Wähle eine dieser Aussagen aus und stelle dir selbst eine präzisierende Frage aus dem Metamodell. Zum Beispiel: „Wer genau sagt das?", „Was genau meinst du damit?", „Ist das wirklich immer so?"
- Beobachte, was diese Frage mit deiner inneren Haltung macht. Entsteht mehr Klarheit, mehr Wahlfreiheit oder sogar ein Perspektivwechsel?
- Notiere dir eine neue, bewusst formulierte Aussage - eine, die differenzierter, lebendiger und näher an deiner inneren Wahrheit liegt.

Sprache ist ein Spiegel deiner inneren Welt. Je bewusster du dich mit ihr verbindest, desto klarer wird dein Blick - auf dich selbst und auf die Welt, in der du dich bewegst.

Hypnotische Sprachmuster

Das Milton-Modell steht im NLP in einem spannenden Spannungsverhältnis zum Metamodell der Sprache. Während das Metamodell darauf ausgerichtet ist, sprachliche Ungenauigkeiten aufzudecken und durch gezieltes Nachfragen Klarheit zu schaffen, verfolgt das Milton-Modell genau die entgegengesetzte Richtung: Es nutzt absichtsvolle Unschärfe, sprachliche Weite und Mehrdeutigkeit, um Zugang zu unbewussten Prozessen zu ermöglichen. Wo das Metamodell differenziert, öffnet das Milton-Modell. Wo das Metamodell analysiert, erzeugt das Milton-Modell Spielraum. Beide Modelle ergänzen sich. Sie stehen nicht im Widerspruch, sondern bilden zusammen eine sprachliche Spannweite, die es ermöglicht, sowohl bewusst als auch unbewusst Veränderung zu initiieren.

Benannt ist das Milton-Modell nach dem amerikanischen Psychiater und Hypnotherapeuten Milton H. Erickson. Erickson war bekannt für seine außergewöhnliche Fähigkeit, mit Sprache auf eine Weise zu arbeiten, die nicht direktiv, sondern permissiv und einladend war. Seine hypnotischen Sprachmuster beeinflussten das NLP tiefgreifend. Richard Bandler und John Grinder analysierten seine therapeutische Kommunikation und identifizierten wiederkehrende sprachliche Strukturen, die sie im Milton-Modell zusammenfassten. Ziel dieses Modells ist es, über Sprachmuster innere Erlebnisräume zu öffnen, Ressourcen zugänglich zu machen und das Unbewusste als Partner im Veränderungsprozess zu aktivieren.

Das zentrale Prinzip des Milton-Modells ist die Ambiguität - also die bewusste Mehrdeutigkeit. Dadurch entsteht Raum für Interpretation, und jede Person kann auf ihre Weise das verstehen, was sie in dem Moment braucht. Diese Offenheit der Sprache wirkt indirekt und erlaubt es dem Gegenüber, die Botschaft innerlich mit Bedeutung zu füllen. Es ist eine Sprache, die nicht festlegt, sondern andeutet, die nicht kontrolliert, sondern inspiriert. Typische Muster des Milton-Modells sind unter anderem:

- Vage Formulierungen wie „Manchmal geschehen Veränderungen einfach ganz von selbst..."
- Universelle Quantifizierungen: „Jeder Mensch hat in sich bereits alle Antworten."
- Unspezifische Verben: „Du kannst beginnen, zu lernen, wie du dich immer mehr öffnest."
- Nicht näher definierte Referenzen: „Das, was du gerade erlebst, ist genau richtig."
- Sprachliche Einbettungen: „Während du das hier liest, kann irgendwo in dir bereits etwas Neues entstehen."
- Doppeldeutigkeiten: „Jetzt, oder vielleicht gleich, kannst du spüren, was möglich ist."
- Tranceeinleitungen: „Und während dein Atem ruhig ein- und ausströmt, darf dein Inneres beginnen, sich neu auszurichten."

Diese Muster wirken nicht durch präzise Information, sondern durch Atmosphäre, Rhythmus und das Spiel mit inneren Prozessen. Im Gegensatz zum Metamodell, das Klarheit durch Konfrontation mit Unbestimmtem schafft, erlaubt das Milton-Modell dem Unbestimmten, als Ressource zu wirken. Es nutzt die natürliche Fähigkeit des menschlichen Geistes, Bedeutungen zu ergänzen, Lücken zu füllen und aus Unklarheit Sinn zu schaffen. Es fordert nicht, es erlaubt, und genau darin liegt seine tiefe Wirkung.

Das Milton-Modell ist kein Werkzeug für Manipulation, sondern eine Einladung zur Selbstbegegnung. In der praktischen Anwendung zeigt sich, wie hilfreich es sein kann, Menschen nicht zu drängen, sondern sie auf subtile Weise zu begleiten. Besonders in Momenten, in denen Menschen unsicher sind, sich selbst verloren haben oder keine Sprache mehr für ihr inneres Erleben finden, können Sätze aus dem Milton-Modell wie ein sicherer Raum wirken, in dem neue Bilder und Impulse entstehen dürfen.

Ein zentraler Anwendungsbereich des Milton-Modells liegt in der Tranceinduktion. Trance bedeutet hier nicht ein mystischer Zustand, sondern ein fokussiertes inneres Erleben, in dem die Aufmerksamkeit nach innen gerichtet ist. Durch die sprachliche Weichheit und die hypnotische Struktur des Milton-Modells wird es leichter, diesen inneren Raum zu betreten. Die Sprache wird zum Träger einer Reise nach innen, zum Werkzeug der Selbstbegegnung. Besonders in therapeutischen Prozessen, in der Ressourcenaktivierung, in der Arbeit mit inneren Bildern und in der kreativen Visualisierung ist das Milton-Modell ein wirksames Werkzeug.

Die Wirkung dieser sprachlichen Muster entfaltet sich oft schleichend. Es ist nicht das einzelne Wort, das entscheidet, sondern der Gesamteindruck, die innere

Stimmung, die das Gesagte erzeugt. Eine Sitzung, in der das Milton-Modell wirkungsvoll eingesetzt wird, hinterlässt häufig das Gefühl, dass „etwas in Bewegung gekommen ist", ohne dass man es konkret benennen könnte. Genau das ist der Zauber: nicht zu erklären, sondern zu ermöglichen. Nicht zu führen, sondern zu begleiten.

Aber auch außerhalb formaler Trancesituationen entfaltet das Milton-Modell seine Wirkung. In Beratung, Coaching, pädagogischen Gesprächen oder sogar in Alltagskommunikation kann eine bewusste Anwendung dieser Sprachmuster Menschen ermutigen, ihren eigenen Antworten näherzukommen. Wenn jemand im Schmerz steckt, kann ein Satz wie „Und du wirst wissen, wann der Moment da ist, wieder aufzustehen" oft mehr bewirken als eine sachliche Erklärung. Das Milton-Modell unterstützt die Selbstverbindung und aktiviert die eigene innere Weisheit.

Besonders in der Arbeit mit Widerständen und Blockaden kann das Milton-Modell Wunder wirken. Während direkte Sprache oft Abwehr hervorruft, weil sie als bewertend oder übergriffig erlebt wird, erlaubt das sprachliche Vage einen Ausweg. Eine Formulierung wie „Und vielleicht beginnst du irgendwann zu spüren, was für dich jetzt hilfreich sein könnte" lässt alle Türen offen und sie lädt ein, ohne zu fordern. Sie respektiert den inneren Rhythmus des Gegenübers.

In der Ausbildung zum NLP-Practitioner lernen Teilnehmende, diese Sprachmuster gezielt anzuwenden. Dabei geht es nicht nur um Technik, sondern auch um Haltung.

Die Frage lautet nicht: „Wie bringe ich jemanden dazu, etwas zu tun?", sondern: „Wie schaffe ich sprachlich einen Raum, in dem etwas von selbst geschehen darf?" Diese Haltung ist geprägt von Vertrauen, von Respekt gegenüber dem inneren Prozess des Gegenübers, von der Überzeugung, dass Veränderung nicht gemacht, sondern ermöglicht wird.

Ein häufiges Missverständnis besteht darin, das Milton-Modell als bloße Hypnosesprache abzutun. Doch es ist weit mehr als das. Es ist eine Einladung zu einem bewussteren, feinfühligeren Umgang mit Sprache - eine Einladung, Worte nicht nur als Informationsträger zu nutzen, sondern als Resonanzkörper, als Schwingungsträger, als Impulsgeber. Wer das Milton-Modell meistert, lernt nicht nur, schön zu sprechen, sondern wahrhaft zu begleiten.

Gerade in Zeiten, in denen viele Menschen überreizt, überfordert und intellektuell erschöpft sind, kann das Milton-Modell wie eine sprachliche Entlastung wirken. Es nimmt den Druck, zu analysieren, zu erklären, zu argumentieren. Stattdessen ermöglicht es ein Innehalten, ein Spüren, ein inneres Antworten. In Gruppenprozessen, bei Meditationen oder beim Einstieg in Coachingprozesse kann es helfen, Menschen zu sich selbst zurückzubringen - nicht über den Verstand, sondern über eine Sprache, die berührt, ohne zu fassen.

Zugleich stellt das Milton-Modell hohe Anforderungen. Es verlangt Übung, Intuition, Präsenz. Die Sprachmuster allein genügen nicht, entscheidend ist die innere Haltung, mit der sie gesprochen werden. Wenn sie mechanisch oder manipulativ eingesetzt werden, verlieren sie ihre Wirkung. Erst durch Authentizität, durch innere Ruhe und durch echtes Interesse am Gegenüber entfalten sie ihr Potenzial. Deshalb ist das Milton-Modell nicht nur ein Modell für Sprache, es ist auch ein Modell für Beziehung.

Es ist ein Modell für achtsame Begleitung, für tiefe Präsenz, für das Vertrauen in den Prozess. Und vielleicht ist es genau das, was es in einer Welt voller Antworten am meisten braucht: Räume, in denen Fragen stehen bleiben dürfen. Worte, die nicht drängen. Pausen, in denen etwas wachsen kann.

Praxisimpuls: Die Kunst, Raum zu lassen

- Denke an eine Person, der du gerne helfen möchtest. Was wäre dein erster Impuls - ein Ratschlag, eine Analyse, ein Lösungsvorschlag?
- Nun versetze dich in eine Haltung des Milton-Modells: Was wäre ein Satz, der nicht erklärt, sondern Raum lässt? Etwa: „Du wirst selbst spüren, wann du bereit bist, den nächsten Schritt zu gehen."
- Schreibe drei weitere solcher Sätze auf, die offen, weich und einladend formuliert sind. Spüre dabei, wie sich deine Haltung beim Schreiben verändert.
- Beobachte in einem Gespräch, wann du in die Rolle des Erklärenden gehst - und experimentiere bewusst mit Sprache, die Raum lässt.
- Nimm dir eine alltägliche Aussage, etwa: „Ich weiß nicht, wie es weitergehen soll", und formuliere drei mögliche Antworten im Stil des Milton-Modells. Zum Beispiel: „Und während du nicht weißt, wie es weitergeht, kann vielleicht schon etwas in dir beginnen, einen neuen Weg zu erahnen."
- Lies deine Sätze laut vor und achte auf Klang, Rhythmus und Wirkung. Wo wird es weich? Wo öffnet sich innerlich etwas? Was möchtest du künftig anders sagen?

Manchmal beginnt Veränderung nicht mit einer Antwort, sondern mit einer stillen Erlaubnis, die in einem Satz mitschwingt. Das Milton-Modell lädt dich ein, diese Erlaubnis sprachlich zu gestalten: offen, fein und voller Vertrauen in das, was in deinem Gegenüber bereits längst bereit ist zu wachsen.

Was du glaubst, bestimmt, wie du lebst

Nicht das, was geschieht, prägt unser Leben am stärksten, sondern das, was wir darüber denken. Unsere Interpretationen, Bewertungen und inneren Überzeugungen sind es, die bestimmen, wie wir Erfahrungen abspeichern, wie wir auf sie reagieren und wie wir sie in Zukunft erwarten. Glaubenssätze, also tief verankerte Annahmen über uns selbst, andere Menschen und die Welt, wirken dabei wie unsichtbare Programme im Hintergrund. Sie lenken unsere Wahrnehmung, beeinflussen unser Verhalten und strukturieren unsere Realität, oft ohne, dass wir uns ihrer bewusst sind. Das NLP macht sich zur Aufgabe, diese inneren Überzeugungen sichtbar zu machen und gegebenenfalls zu verändern - hin zu mehr Wahlfreiheit, innerer Stärke und selbstbestimmtem Denken.

Glaubenssätze entstehen nicht zufällig. Sie entwickeln sich meist früh im Leben und haben ihre Wurzeln in Erfahrungen, Erlebnissen, Wiederholungen und den Botschaften, die wir von wichtigen Bezugspersonen empfangen. Ein Kind, dem immer wieder vermittelt wird, dass es laut oder wild ist, wird möglicherweise verinnerlichen: „Ich bin zu viel." Wer nie Lob bekommt, entwickelt vielleicht den Glaubenssatz: „Ich bin nicht gut genug." Auch kollektive Überzeugungen, etwa „Man muss hart arbeiten, um erfolgreich zu sein" oder „Gefühle zeigen ist ein Zeichen von Schwäche", können sich tief einprägen und das individuelle Denken und Handeln mitprägen. Diese Sätze sind nicht einfach Gedanken, sondern prägende Filter, durch die wir unsere Welt strukturieren. Sie bestimmen mit, was wir für möglich halten, was wir erwarten, was wir fürchten, und was wir für uns selbst in Anspruch nehmen.

Im NLP werden Glaubenssätze nicht als Wahrheiten betrachtet, sondern als Hypothesen, als subjektive Konstruktionen, die überprüft und verändert werden können. Das bedeutet: Ein Glaubenssatz ist nicht gut oder schlecht an sich. Entscheidend ist, ob er uns unterstützt oder einschränkt. Ein unterstützender Glaubenssatz könnte lauten: „Ich kann Neues lernen, wenn ich mir Zeit lasse." Ein hinderlicher hingegen: „Ich bin einfach kein Beziehungsmensch." Die Kunst besteht darin, sich dieser Sätze bewusst zu werden, sie auf ihre Wirkung hin zu prüfen und gegebenenfalls in eine hilfreichere, stärkende Form zu überführen.

Ein klassisches NLP-Format zur Arbeit mit Glaubenssätzen ist das Reframing. Dabei wird der Kontext oder die Bedeutung eines Satzes so verändert, dass sich ein neuer Sinn ergibt. Wenn jemand zum Beispiel den Glaubenssatz hat: „Ich bin nicht kreativ", könnte ein Reframing darauf abzielen zu zeigen, dass Kreativität viele Formen hat und sich zum Beispiel auch in Problemlösungen oder in zwischenmenschlichen Beziehungen zeigt. Durch das gezielte Fragen, das bewusste Umdeuten und das Erleben neuer Erfahrungen kann ein neuer Glaubenssatz entstehen: „Ich entdecke meine Kreativität in meinem eigenen Tempo."

Ein weiterer Weg ist die sogenannte Glaubenssatzarbeit über Submodalitäten. Hier geht es darum, die innere Repräsentation eines Satzes zu verändern, etwa indem man sich den einschränkenden Glaubenssatz wie ein inneres Bild oder eine Stimme vorstellt und dann diese Vorstellung bewusst verändert. Vielleicht ist der Satz „Ich bin nicht gut genug" eine laute, harsche Stimme im Kopf. Wenn man sie leiser macht, mit einer anderen Tonlage versieht oder sich den Satz in bunter Schrift auf einer weichen Wolke vorstellt, verändert sich seine emotionale Wirkung. NLP nutzt diese Veränderung als Einstieg in eine tiefere, nachhaltige Neuausrichtung der inneren Überzeugung.

Glaubenssätze zeigen sich oft indirekt. Sie klingen in alltäglichen Aussagen mit, etwa wenn jemand sagt: „Das bringt ja doch nichts", „Ich kann das nicht", „So bin ich eben" oder „Man muss sich mit weniger zufriedengeben." Auch Aussagen wie „Ich darf keine Fehler machen" oder „Man wird nur ernst genommen, wenn man stark ist" können Hinweise auf tief verwurzelte Überzeugungen sein. Diese Sätze wirken auf den ersten Blick wie neutrale Feststellungen, sind aber in Wirklichkeit Ausdruck innerer Programme, die unbewusst wirken und das Verhalten stark prägen. Solche Aussagen sind Einladungen, genauer hinzuhören. Sie enthalten oft unreflektierte Prämissen, die mit dem Metamodell der Sprache hinterfragt werden können. Eine Rückfrage wie „Was genau meinst du damit?", „Wer sagt das?", „Gilt das immer?" oder „Gab es schon einmal eine Situation, in der das anders war?" kann bereits Denkräume öffnen und erste Impulse zur Veränderung geben. Durch diese Fragen entsteht die Möglichkeit, scheinbar feststehende Überzeugungen als veränderbare Konstruktionen zu erkennen - und damit den Raum für neue Sichtweisen zu öffnen.

In der Arbeit mit Klient:innen wird deutlich, wie sehr Glaubenssätze das Lebensgefühl prägen. Eine Frau, die als Kind nie gehört hat, dass sie schön ist, glaubt vielleicht: „Ich bin nicht liebenswert." Ein Mann, der in der Schule oft ausgelacht wurde, trägt womöglich den Satz in sich: „Ich darf mich nicht zeigen." Diese inneren Sätze sind häufig schmerzhaft, aber auch zutiefst schützend gewesen. Sie hatten einst eine Funktion: zu warnen, zu schützen, zu erklären. NLP lädt dazu ein, diese Funktion zu würdigen - und sie gleichzeitig weiterzuentwickeln. Die Frage lautet nicht nur: „Was schränkt dich ein?", sondern auch: „Was wolltest du dir mit diesem Satz einmal ermöglichen?"

Ein neuer Glaubenssatz lässt sich nicht einfach erfinden. Er muss erlebt, gespürt, bezeugt werden. Deshalb arbeitet NLP oft mit Zustandsverankerungen, mit inneren Bildern und mit ressourcenstärkenden Erfahrungen. Wer in einem sicheren Raum erlebt, dass er gehört, gesehen und wertgeschätzt wird, kann beginnen, alte Sätze in Frage zu stellen. „Ich bin okay, so wie ich bin" ist kein kognitives Mantra, sondern ein inneres Wissen, das wächst, wenn es genährt wird. Diese Entwicklung braucht Zeit, Wiederholung und vor allem Beziehung - zu sich selbst und zu anderen.

In der Ausbildung zum NLP-Practitioner wird die Arbeit mit Glaubenssätzen nicht nur theoretisch vermittelt, sondern auch intensiv geübt. Die eigene Biografie wird zur Quelle der Reflexion. Welche Sätze prägen mein Denken? Welche davon haben mich getragen? Welche engen mich heute noch ein? Und wie könnte ein neuer Satz lauten, der mich besser unterstützt? Diese

Selbsterfahrung ist ein zentrales Element der Lernreise. Denn wer andere begleiten will, ihre inneren Überzeugungen zu verändern, sollte den Weg selbst gegangen sein.

Glaubenssätze sind nicht nur individuell. Auch Teams, Organisationen und Gesellschaften haben kollektive Überzeugungen. „Das haben wir immer schon so gemacht." „Hier zählt nur Leistung." „In unserer Familie redet man nicht über Gefühle." NLP kann helfen, solche Muster sichtbar zu machen und Veränderungen auf systemischer Ebene zu begleiten. Gerade in Zeiten des Umbruchs ist die Fähigkeit, eingefahrene Denkmuster zu erkennen und zu hinterfragen, eine Schlüsselkompetenz.

Veränderung beginnt nicht mit einem neuen Satz, sondern mit der Bereitschaft, den alten zu würdigen und loszulassen. Manchmal ist dieser Prozess leise, fast unmerklich, wie ein inneres Aufatmen, das sich erst nach und nach bemerkbar macht. In anderen Fällen braucht es ein klares Ritual, eine symbolische Handlung, einen neuen Kontext oder eine starke emotionale Erfahrung, um die alte Überzeugung zu erschüttern. Manche Menschen schreiben einen alten Glaubenssatz auf und verbrennen ihn anschließend, andere platzieren einen neuen Satz sichtbar in ihrem Alltag - auf einem Zettel am Spiegel, im Kalender oder als Handyhintergrund. Wieder andere verankern ihn durch eine Bewegung oder Geste, die sie mit einer kraftvollen inneren Erfahrung verbinden. NLP bietet viele Werkzeuge für diesen Weg - vom bewussten Arbeiten mit Submodalitäten über Reframing bis hin zur Integration von Ressourcen aus vergangenen Erlebnissen. Allen Methoden liegt jedoch eine gemeinsame Haltung zugrunde: die Überzeugung, dass jeder Mensch mehr ist als das, was er über sich glaubt. In diesem Sinne erinnert NLP nicht nur daran, wie Glaubenssätze entstehen, sondern zeigt auch Wege auf, sie liebevoll zu hinterfragen und weiterzuentwickeln. Schritt für Schritt, in deinem Tempo, mit der Freiheit, dich selbst neu zu entdecken.

Praxisimpuls: Den eigenen Glaubenssätzen auf der Spur

Nimm dir Zeit für eine achtsame Selbstbegegnung. Suche dir einen ruhigen Ort und vielleicht ein Notizbuch, in dem du deine Gedanken sammeln kannst.

- Welche Sätze über dich selbst sagst du immer wieder - laut oder in Gedanken? Schreib sie auf, ohne sie zu bewerten.
- Wähle einen dieser Sätze aus, der dich eher einschränkt als stärkt. Frage dich: Woher stammt dieser Satz? Wann hast du ihn zum ersten Mal geglaubt?
- Welche Funktion hatte dieser Satz für dich? Wovor sollte er dich schützen, was hat er dir ermöglicht?
- Wie wirkt dieser Satz heute auf dich? Was wäre ein neuer Satz, der dich mehr stärkt, mehr unterstützt, mehr deinem heutigen Ich entspricht?
- Finde eine kleine Geste, ein Symbol oder eine Handlung, mit der du dich an diesen neuen Satz erinnern kannst - und beginne, ihn Stück für Stück in dein Leben einzuladen.

Veränderung braucht Bewusstsein, Freundlichkeit und Geduld. Lass dich auf diesen Prozess ein, mit allem, was du bist, und allem, was du noch werden kannst.

Systemisch denken, wirksam handeln

Veränderung ist ein komplexer Prozess. Sie betrifft nicht nur das Verhalten, sondern auch das Denken, das Fühlen, die Werte, die Identität, und manchmal sogar das tiefe Erleben von Zugehörigkeit und Sinn. Um diese Ebenen der menschlichen Erfahrung besser zu verstehen und gezielt zu beeinflussen, entwickelte der NLP-Trainer und Systemdenker Robert Dilts das Modell der neurologischen Ebenen. Es dient als Strukturhilfe, um Veränderung zu ordnen, zu reflektieren und gezielt zu gestalten. Dabei geht es nicht um ein starres Stufenmodell, sondern um ein dynamisches System miteinander verbundener Ebenen, die sich wechselseitig beeinflussen.

Die neurologischen Ebenen bestehen aus sechs zentralen Bereichen: Umwelt, Verhalten, Fähigkeiten, Werte und Glaubenssätze, Identität und Zugehörigkeit beziehungsweise Vision. Diese Ebenen lassen sich als Schichten eines Erfahrungsraums begreifen, in dem jede Ebene Einfluss auf die darunterliegenden hat. Veränderung auf einer höheren Ebene wirkt sich tiefgreifend aus, während Veränderung auf einer unteren Ebene in ihrer Wirkung oft begrenzt bleibt, wenn die übergeordneten Ebenen unberührt bleiben.

Die unterste Ebene ist die Umwelt. Sie beschreibt den Kontext, in dem wir leben und handeln: Wo befinde ich mich? Wer ist anwesend? Welche äußeren Bedingungen prägen mein Erleben? Veränderungen auf dieser Ebene beziehen sich auf äußere Umstände - ein neuer Arbeitsplatz, ein anderer Wohnort, ein verändertes Umfeld. Diese Ebene ist wichtig, aber sie sagt wenig über das

Innere eines Menschen aus. Dennoch kann ein Wechsel der Umgebung neue Möglichkeiten eröffnen und Entwicklungen anstoßen. In der Beratung oder im Coaching kann ein bewusster Blick auf diese Ebene helfen, Ressourcen zu entdecken, die im Umfeld bereits vorhanden sind, aber noch nicht genutzt werden - wie unterstützende Menschen, hilfreiche Strukturen oder inspirierende Orte.

Die nächste Ebene ist das Verhalten. Hier geht es um das, was wir konkret tun: sprechen, handeln, reagieren. Verhalten ist beobachtbar, messbar, veränderbar. Viele Veränderungsprozesse setzen hier an, etwa wenn Menschen sich vornehmen, mehr Sport zu treiben, achtsamer zu kommunizieren oder neue Routinen zu etablieren. Doch Verhalten allein ist selten dauerhaft veränderbar, wenn es nicht von inneren Einstellungen und Kompetenzen getragen wird. Häufig zeigt sich hier auch das Phänomen der sogenannten „Willenslücke": Menschen wissen, was sie tun sollten, aber sie tun es nicht. Das kann ein Hinweis darauf sein, dass die Veränderung auf einer höheren Ebene ansetzen müsste, etwa bei den Werten oder der Identität.

Darüber liegt die Ebene der Fähigkeiten. Sie umfasst das Können, die Strategien, das Wissen, das uns zur Verfügung steht. Fähigkeiten ermöglichen Verhalten. Wer sprechen will, muss Sprache beherrschen. Wer führen will, braucht Kommunikations- und Beziehungskompetenz. Auf dieser Ebene geht es um Lernprozesse, um die Erweiterung des eigenen Handlungsspielraums. NLP bietet hier zahlreiche Formate, um Fähigkeiten aufzubauen und zugänglich zu machen.

Auch Selbstwirksamkeitserleben spielt hier eine große Rolle: Wer seine Kompetenzen bewusst erlebt, stärkt seine Handlungsfähigkeit und sein Vertrauen in sich selbst. Besonders hilfreich ist hier die Arbeit mit Ressourcenankern, mit inneren Bildern gelingender Erfahrungen oder mit gezielten Trainingsschleifen, die Kompetenz aufbauen und integrieren.

Die vierte Ebene ist die der Werte und Glaubenssätze. Sie bestimmt, was uns wichtig ist, was wir für möglich halten, was wir über uns und andere glauben. Hier werden grundlegende Überzeugungen verankert, wie etwa: „Ich muss alles perfekt machen, um geliebt zu werden" oder „Fehler sind Lernchancen". Diese Ebene ist besonders wirkmächtig. Wenn jemand glaubt, nicht kreativ zu sein, wird er seine Fähigkeiten in diesem Bereich nur eingeschränkt nutzen, selbst wenn sie objektiv vorhanden sind. Glaubenssätze beeinflussen, was wir wahrnehmen, wofür wir offen sind und was wir uns zutrauen. Auf dieser Ebene lassen sich auch Wertekonflikte aufdecken, die unbewusst Spannungen erzeugen, etwa wenn jemand gleichzeitig den Wert Sicherheit und den Wert Freiheit hochhält, aber beide in bestimmten Situationen nicht miteinander vereinbaren kann.

Noch tiefer reicht die Ebene der Identität. Sie beantwortet die Frage: Wer bin ich? Welche Rolle nehme ich ein? Wie definiere ich mich selbst? Veränderungen auf dieser Ebene sind tiefgreifend und wirken in alle anderen Bereiche hinein. Wenn jemand seine Identität als „Versager" empfindet, wird er selbst gute Leistungen nicht als Erfolg verbuchen. Wenn sich jemand hingegen als „Lernende" begreift, wird sie Fehler als Teil ihrer

Entwicklung erleben. NLP betont an dieser Stelle die Bedeutung von Identitätsarbeit, insbesondere im Coaching und in der Persönlichkeitsentwicklung. Die Identitätsebene ist zugleich mit emotionalen und biografischen Mustern verwoben. Wer sich mit seiner Identität auseinandersetzt, begegnet oft auch alten Verletzungen, unerfüllten Bedürfnissen und verborgenen Sehnsüchten. Hier achtsam zu begleiten, verlangt vom Coach oder Berater hohe Sensibilität, Empathie und Erfahrung.

Die oberste Ebene schließlich ist die Ebene der Zugehörigkeit, der Vision, des transpersonalen Bezugs. Sie fragt danach, wozu jemand gehört, welchem größeren Ganzen sein Handeln dient, was ihn über das eigene Ich hinaus motiviert. Diese Ebene ist eng mit Sinnfragen verknüpft: Wofür bin ich da? Was ist mein Beitrag? Was gibt meinem Leben Richtung? Für viele Menschen ist diese Ebene eine Quelle tiefer Motivation und zugleich ein Ort spiritueller oder gesellschaftlicher Verankerung. Gerade in Lebensübergängen, etwa nach einer Trennung, beim Wechsel in den Ruhestand oder nach einem Burnout, stellt sich die Frage nach dem tieferen Sinn des eigenen Tuns oft mit neuer Dringlichkeit. NLP kann in solchen Momenten unterstützend wirken, indem es nicht nur bei der Lösung von Problemen hilft, sondern auch dabei, neue Perspektiven zu entwickeln und inneren Halt zu finden.

Das Modell der neurologischen Ebenen bietet Orientierung. Es hilft, Probleme besser zu lokalisieren und Veränderungsprozesse gezielter zu gestalten. Wenn ein Mensch Schwierigkeiten im Verhalten zeigt, etwa in Form von Prokrastination, Unsicherheit oder

Konfliktscheue, lohnt es sich zu fragen: Liegt die Ursache im fehlenden Können? Oder im inneren Zweifel? Oder sogar in einem Identitätskonflikt? Diese Fragen ermöglichen es, Interventionen passgenau zu gestalten, statt nur Symptome zu bearbeiten. Besonders hilfreich ist dieses Modell auch im Zielcoaching: Wird ein Ziel auf einer hohen Ebene formuliert, entfaltet es eine stärkere Wirkung. Ein Ziel wie „Ich möchte pünktlicher sein" wirkt anders als „Ich möchte als verlässlicher Mensch wahrgenommen werden". Das eine ist Verhalten, das andere berührt die Identität.

Gleichzeitig ist das Modell kein Diagnoseschema, sondern ein Dialoginstrument. Es lädt dazu ein, gemeinsam mit dem Gegenüber zu erkunden, auf welcher Ebene die aktuelle Herausforderung verankert ist, und auf welcher Ebene eine Veränderung besonders wirksam sein könnte. Viele NLP-Formate lassen sich mit diesem Modell verbinden, etwa wenn ein Coachinggespräch gezielt Ebenen aufgreift oder wenn ein Reframing auf der Werteebene ansetzt. Auch Ziele lassen sich anhand der neurologischen Ebenen überprüfen: Passt mein Ziel zu meiner Identität? Steht es im Einklang mit meinen Werten? Finde ich darin Sinn? Ebenso lassen sich dysfunktionale Muster analysieren, indem man fragt: In welchem Kontext treten sie auf? Was genau passiert? Welche Überzeugung liegt dahinter? Und wer bin ich in dieser Situation?

In der Ausbildung zum NLP-Practitioner wird das Modell der neurologischen Ebenen genutzt, um persönliche Entwicklungsprozesse strukturiert zu begleiten. Die Teilnehmenden lernen, ihr Verhalten im Kontext ihrer

Werte und Identität zu reflektieren und bewusst Veränderungen anzustoßen, die mehr als nur oberflächliche Anpassungen sind. Das Modell bietet dabei sowohl Tiefe als auch Klarheit: zwei Eigenschaften, die in Veränderungsprozessen besonders wertvoll sind. Es fördert systemisches Denken und unterstützt die Entwicklung einer ganzheitlichen Beratungskompetenz.

Darüber hinaus lässt sich das Modell auch in der Teamentwicklung einsetzen. In Gruppenprozessen kann gemeinsam reflektiert werden, auf welchen Ebenen sich Konflikte oder Ressourcen zeigen. Vielleicht geht es nicht nur um Verhalten, wie mangelnde Kommunikation, sondern um ein gemeinsames Werteverständnis oder um das Fehlen einer gemeinsamen Vision. In solchen Fällen kann die Arbeit mit den neurologischen Ebenen helfen, die Kommunikation zu vertiefen und gemeinsam tragfähige Entwicklungen zu gestalten.

Praxisimpuls: Deine Ebenen der Veränderung

Nimm dir Zeit für eine stille Reflexion. Vielleicht möchtest du diesen Prozess schriftlich begleiten oder mit einer vertrauten Person besprechen.

1. Wähle ein konkretes Veränderungsthema, das dich gerade beschäftigt - beruflich, privat oder persönlich.
2. Gehe gedanklich die sechs neurologischen Ebenen durch und frage dich auf jeder Ebene:
   - Umwelt: Wo tritt dieses Thema auf? Wer ist daran beteiligt? Gibt es äußere Bedingungen, die dich fördern oder hemmen?
   - Verhalten: Was genau tust du in diesem Zusammenhang? Was würdest du gern verändern?
   - Fähigkeiten: Welche inneren oder äußeren Ressourcen stehen dir zur Verfügung? Was kannst du bereits gut? Was würdest du gerne lernen?
   - Werte und Glaubenssätze: Was ist dir hier wichtig? Welche Überzeugungen unterstützen dich - und welche behindern dich?
   - Identität: Welche Rolle spielt dieses Thema für dein Selbstbild? Wer bist du in dieser Situation - und wer möchtest du sein?
   - Zugehörigkeit: In welchem größeren Zusammenhang steht dieses Thema? Welchem Sinn dient es? Wie passt es in das Bild deines Lebens?
3. Notiere dir auf jeder Ebene einen konkreten Gedanken oder eine Erkenntnis. Vielleicht entsteht

daraus eine neue Perspektive oder ein nächster Handlungsschritt.

Manchmal liegt die Lösung nicht dort, wo das Problem sichtbar wird, sondern eine Ebene tiefer, oder höher. Lass dir Zeit und sei offen für neue Einsichten. Du bist mehr als dein Verhalten. Und dein Potenzial reicht oft weiter, als du glaubst.

Werte: Kraftquellen der Veränderung

Werte sind wie unsichtbare Magnetfelder, die unser Denken, Fühlen und Handeln beeinflussen. Sie leiten unsere Entscheidungen, sie strukturieren unsere Beziehungen, sie motivieren uns, oder lassen uns im Widerstand verharren, wenn etwas nicht mit ihnen übereinstimmt. Obwohl sie selten offen ausgesprochen werden, wirken sie in beinahe jedem Gespräch, jedem Konflikt, jeder Lebensentscheidung im Hintergrund mit. Wenn wir uns für oder gegen etwas entscheiden, tun wir dies oft nicht aufgrund rein rationaler Überlegungen, sondern weil ein innerer Wert berührt wird, im Positiven wie im Negativen. Werte geben unseren Gedanken Richtung, sie verleihen unseren Emotionen Tiefe und färben unsere Wahrnehmung. Sie wirken wie innere Filter, die darüber entscheiden, was wir als bedeutsam erleben, was uns gleichgültig lässt und was uns in Aufruhr versetzt.

Ein und dieselbe Situation kann für zwei Menschen völlig unterschiedliche Bedeutungen haben - abhängig davon, welche Werte jeweils berührt werden. Wird in einem Teammeeting über schnelle Entscheidungen gesprochen, mag der eine das als Fortschritt feiern, während die andere den Verlust von Sorgfalt und Beteiligung befürchtet. Solche Reaktionen sind keine bloßen Meinungsverschiedenheiten, sondern Ausdruck unterschiedlicher Werte. Und diese Werte sind nicht zufällig entstanden, sondern tief verwurzelt in der individuellen Lebensgeschichte, geprägt durch Erfahrungen, Beziehungen, kulturelle Einflüsse und persönliche Ideale.

Im NLP werden Werte als zentrale Triebkräfte verstanden, die tief mit Identität und Sinn verbunden sind. Sie bestimmen, wie wir uns selbst verstehen, was wir als lohnend empfinden und wofür wir bereit sind, uns einzusetzen. Wer seine Werte kennt, lebt klarer. Denn Werte sind nicht nur Orientierungspunkte, sie sind auch Prüfsteine. Sie helfen uns, zu erkennen, ob ein Ziel wirklich unser eigenes ist oder eher einem äußeren Erwartungsdruck entspringt. Sie zeigen uns, wo wir stimmig sind - und wo nicht. Wer seine Werte kennt und sie in Einklang bringt mit seinen Zielen, seinem Alltag und seinen Entscheidungen, erlebt mehr Zufriedenheit, Kohärenz und persönliche Wirksamkeit. Dann beginnt das Leben nicht nur effizienter, sondern auch bedeutungsvoller zu fließen.

Doch wie entstehen Werte überhaupt? Sie entwickeln sich nicht aus dem Nichts, sondern im Spannungsfeld von Erfahrung, Beziehung und kulturellem Kontext. Schon in unserer Kindheit beginnen wir, durch Beobachtung und emotionale Verknüpfung erste Wertorientierungen zu entwickeln. Wenn ein Kind erlebt, dass Fürsorge belohnt, aber Eigenständigkeit kritisiert wird, wird es möglicherweise „Hilfsbereitschaft" als hohen Wert verinnerlichen, während „Selbstbestimmung" in den Hintergrund tritt. Werte entstehen also aus bedeutsamen Erfahrungen, nicht unbedingt durch Worte, sondern oft durch Stimmungen, Reaktionen, Vorbilder. Sie prägen sich über Wiederholung ein, über Zugehörigkeit und über das Gefühl: So ist es richtig, so macht man das, so gehört es sich.

Im Laufe des Lebens verändern sich Werte. Neue Erfahrungen, Brüche, Vorbilder, Lebensphasen führen dazu, dass bisherige Werte hinterfragt oder neu gewichtet werden. In der Jugend steht vielleicht Abenteuer und Freiheit im Vordergrund, während im späteren Leben Sicherheit und Verlässlichkeit wichtiger werden. Diese Entwicklung vollzieht sich selten bewusst. Doch wenn Werte mit dem gelebten Alltag in Widerspruch geraten, entstehen innere Spannungen, ein Gefühl von Leere, Unzufriedenheit oder Fremdbestimmung. Wer sich dann Zeit nimmt, seine Werte zu reflektieren, findet oft neue Klarheit: Was ist mir wirklich wichtig? Was darf gehen? Was soll wachsen?

Im NLP nehmen Werte eine zentrale Rolle ein. Sie gelten als Schlüssel zur Motivation, zur Veränderung und zur inneren Ausrichtung. Ein Ziel, das nicht mit den eigenen Werten übereinstimmt, wird kaum erreicht, oder es führt, wenn doch, nicht zu Zufriedenheit. Umgekehrt verleiht ein Ziel, das mit den inneren Werten im Einklang steht, Energie, Ausdauer und ein Gefühl von Sinn. Deshalb geht es im NLP nicht nur darum, Ziele „smart" zu formulieren, sondern auch darum, sie wertebasiert zu verankern. Dabei kommen verschiedene Fragetechniken zum Einsatz, etwa: Was wäre dir an diesem Ziel besonders wichtig? Wofür ist dir das bedeutsam? Was liegt dir dabei am Herzen?

Ein zentrales Konzept im NLP ist die sogenannte Wertepyramide oder Werthierarchie. Damit ist gemeint, dass Werte nicht gleich gewichtet sind, sondern in einer inneren Rangfolge stehen. Diese Hierarchie beeinflusst maßgeblich, wie wir Prioritäten setzen. Wenn jemand den Wert „Freiheit" höher gewichtet als „Sicherheit", wird er eher Risiken eingehen. Umgekehrt wird jemand, für den „Verlässlichkeit" wichtiger ist als „Neugier", anders auf Veränderungen reagieren. Diese Unterschiede erklären viele Missverständnisse - nicht nur im privaten Umfeld, sondern auch in Teams und Organisationen.

Die Arbeit mit Wertepyramiden im NLP dient dazu, diese Hierarchien bewusst zu machen und gegebenenfalls zu verändern. Denn manchmal führen unbewusste Wertekonflikte zu innerem Stress. Wenn zum Beispiel „Erfolg" und „Familie" beide hohe Werte sind, aber im Alltag gegeneinander stehen, kann es hilfreich sein, diese Spannung zu erkennen und kreative Lösungen zu entwickeln. NLP nutzt dafür Methoden wie den Werteabgleich, den sogenannten „Values Elicitation Process" oder das Arbeiten mit Bodenankern. Ziel ist es, nicht nur kognitive Klarheit zu schaffen, sondern die Werte auch emotional spürbar zu machen - sie im Körper zu erleben, sie in Bewegung zu bringen, sie im Raum zu verorten.

Wertearbeit im NLP bedeutet nicht, richtige oder falsche Werte zu bewerten. Vielmehr geht es darum, die eigenen inneren Landkarten sichtbar zu machen, mit all ihren Schätzen, Widersprüchen und Entwicklungsmöglichkeiten. Wer seine Werte kennt, kann sie aktiv gestalten. Wer sie ignoriert, läuft Gefahr, ein Leben zu führen, das zwar funktioniert, sich aber innerlich leer oder fremd anfühlt.

Ein weiterer Aspekt ist die systemische Dimension von Werten. Werte sind nicht nur individuell, sondern auch kollektiv geprägt. Familie, Gesellschaft, Organisationen,

Kulturen: sie alle geben implizit oder explizit vor, was wünschenswert, anerkannt oder tabu ist. In der Arbeit mit Teams oder Gruppen wird deutlich, wie wichtig es ist, über Werte zu sprechen. Ein gemeinsames Ziel wird nur dann kraftvoll verfolgt, wenn es auch auf einer gemeinsamen Wertebasis ruht. NLP bietet hier mit Formaten wie dem Teamwerte-Kreis, Wertequadranten oder Gruppenankern wirkungsvolle Möglichkeiten, kollektive Werte sichtbar, spürbar und verhandelbar zu machen.

Gerade in Zeiten des Umbruchs, in denen Gewohntes nicht mehr trägt und Neues noch nicht etabliert ist, können Werte wie ein innerer Kompass wirken. Sie geben Orientierung, wo Strukturen wanken. Sie schenken Halt, wo äußere Sicherheit fehlt. Und sie verbinden Menschen, wo Unterschiede sichtbar werden. In diesem Sinn ist Wertearbeit nicht nur eine Methode, sie ist eine Haltung. Eine Einladung zur bewussten Gestaltung des eigenen Lebens im Einklang mit dem, was dir wirklich wichtig ist.

Praxisimpuls: Deine Werte entdecken und ordnen

- Nimm dir Zeit und überlege: Welche Werte sind dir aktuell besonders wichtig? Notiere spontan mindestens zehn Begriffe, die dir in den Sinn kommen.
- Wähle aus dieser Liste die fünf Werte aus, die für dich im Moment am stärksten sind. Begründe für dich, warum genau diese fünf.
- Bringe die fünf Werte nun in eine Rangfolge - welcher steht an erster Stelle, welcher an zweiter und so weiter?
- Reflektiere: Passt diese Reihenfolge zu deinem Alltag? Wo lebst du im Einklang mit deinen Werten - und wo entsteht Spannung?
- Wähle einen Wert aus, den du stärker leben möchtest. Überlege dir eine konkrete Handlung, mit der du diesen Wert im Alltag mehr Raum gibst.

Werte sind wie Leuchtfeuer auf deinem inneren Weg. Je klarer du sie erkennst, desto leichter fällt es dir, in deiner Richtung zu bleiben, auch wenn der Wind sich dreht.

Ausstieg aus dem Drama

In vielen zwischenmenschlichen Konflikten wiederholen sich bestimmte Muster. Rollen werden verteilt, oft unbewusst, und Menschen verstricken sich in Dynamiken, die für alle Beteiligten belastend sind. Ein besonders bekanntes Modell zur Beschreibung solcher Beziehungsmuster ist das Dramadreieck nach Stephen Karpman. Es beschreibt drei typische Rollen, die in konfliktbeladenen oder emotional aufgeladenen Situationen eingenommen werden: der Täter (auch Verfolger), das Opfer und der Retter. Das Modell ist kein NLP-spezifisches Konzept, lässt sich jedoch hervorragend mit NLP-Werkzeugen analysieren und auflösen. Es ermöglicht, destruktive Kommunikationsmuster zu erkennen, und durch bewusstere, selbstverantwortliche Haltungen zu ersetzen.

Das Dramadreieck basiert auf der Beobachtung, dass Menschen in bestimmten Situationen immer wieder in eine dieser drei Rollen schlüpfen. Der Täter kritisiert, kontrolliert oder attackiert. Das Opfer fühlt sich hilflos, ausgeliefert und ohnmächtig. Der Retter greift helfend ein, übernimmt Verantwortung für andere - oft ungefragt. Auf den ersten Blick mag der Retter die positivste Rolle darstellen, doch auch sie ist Teil der dysfunktionalen Dynamik: Wer andere retten will, entzieht ihnen die Möglichkeit, selbst in ihre Kraft zu kommen. So entsteht ein Kreislauf: Der Täter ruft das Opfer hervor, das Opfer zieht den Retter an, der wiederum den Täter provozieren kann, und so weiter. Die Rollen wechseln ständig. Wer heute Opfer ist, kann morgen Retter oder Täter sein.

Im NLP geht es darum, solche Muster nicht nur zu erkennen, sondern zu transformieren. Der erste Schritt besteht darin, sich selbst zu beobachten: In welchen Situationen neige ich dazu, in eine dieser Rollen zu rutschen? Was gibt mir diese Rolle? Welche Bedürfnisse versuche ich damit zu erfüllen? Oft steckt hinter einem Retterbedürfnis der Wunsch nach Anerkennung, hinter dem Opfergefühl das Bedürfnis nach Zuwendung, hinter dem Täterverhalten die Sehnsucht nach Kontrolle oder Sicherheit. Diese Bedürfnisse sind nicht falsch - sie werden lediglich in einer destruktiven Weise ausgelebt.

Ein zentraler Ansatz im NLP ist es, statt im Drama zu bleiben, in eine reife, selbstverantwortliche Haltung zu wechseln. Das bedeutet, sich aus den reaktiven Mustern der drei klassischen Dramarollen zu lösen und bewusst neue, konstruktive Rollen einzunehmen. Aus dem Opfer, das sich hilflos und ausgeliefert fühlt, wird der oder die Gestaltende - eine Person, die Verantwortung für die eigenen Gefühle, Gedanken und Handlungen übernimmt.

Ein konkretes Beispiel: Jemand fühlt sich von einem Kollegen übergangen und reagiert mit Rückzug und stillem Groll. In der Gestalterrolle würde dieselbe Person das Gespräch suchen, ihre Gefühle benennen und klären, was sie braucht, um sich künftig gesehen zu fühlen. Die Handlung wird aktiv, bewusst und selbstbestimmt.

Ein weiteres Beispiel: Eine Frau bekommt in einer Familienrunde von einem Verwandten eine spitze Bemerkung über ihre beruflichen Entscheidungen. Als Opfer fühlt sie sich verletzt und zieht sich innerlich zurück. Als Gestaltende würde sie die Bemerkung nicht persönlich nehmen, sondern später ruhig ansprechen: „Mir ist aufgefallen, dass dein Kommentar mich getroffen hat. Ich wünsche mir, dass wir respektvoll miteinander sprechen, auch wenn wir unterschiedliche Sichtweisen haben." So schützt sie ihre Grenzen und nimmt Verantwortung für ihre Reaktion.

Ein drittes Beispiel: Ein Schüler wird von einem Lehrer wiederholt bloßgestellt. Das klassische Opfergefühl wäre Scham und Rückzug. In der Rolle des Gestalters könnte der Schüler mit Unterstützung lernen, in einem ruhigen Moment um ein Gespräch zu bitten und zu sagen: „Ich wünsche mir, im Unterricht ernst genommen zu werden. Könnten wir darüber sprechen, wie ich mich besser einbringen kann?" Auch kleine Schritte in diese Richtung stärken das Selbstwertgefühl und die Selbstwirksamkeit.

Aus dem Retter, der unaufgefordert eingreift und damit oft auch übergriffig agiert, wird der oder die Unterstützende, jemand, der empathisch ist, aber die Verantwortung beim Gegenüber belässt. Ein Beispiel: Eine Freundin klagt über beruflichen Stress. Der Retter würde sofort Lösungen vorschlagen, Ratschläge geben, vielleicht sogar Angebote machen, die die andere Person überfordern. Die unterstützende Haltung wäre es, zuzuhören, empathisch zu spiegeln, vielleicht zu fragen: „Was brauchst du gerade von mir? Möchtest du einen Impuls oder einfach gehört werden?" Das wahrt die Autonomie und lädt zu echter Selbstverantwortung ein.

Ein weiteres Beispiel: Ein Kollege wirkt in letzter Zeit still und gereizt. Der Retter würde sich aufdrängen, ihn mit

Fragen bedrängen oder ungebeten seine Hilfe anbieten. Der Unterstützer hingegen könnte sagen: „Ich nehme wahr, dass du momentan angespannt bist. Wenn du irgendwann sprechen möchtest, bin ich da." So entsteht ein offener Raum, der Respekt und Verbundenheit zugleich vermittelt.

Ein drittes Beispiel: Die erwachsene Tochter erzählt ihren Eltern, dass sie sich in ihrer Partnerschaft nicht wohlfühlt. Die Retterhaltung der Mutter wäre, sich einzumischen, Ratschläge zu geben oder Druck zu machen, den Partner zu verlassen. Die unterstützende Mutter würde stattdessen sagen: „Es klingt, als wäre das gerade schwierig für dich. Wenn du magst, kannst du mir erzählen, was dich beschäftigt - und wenn du nur reden möchtest, höre ich einfach zu." Diese Haltung stärkt die Eigenverantwortung und fördert Vertrauen statt Einmischung.

Aus dem Täter schließlich, der andere kritisiert, entwertet oder kontrolliert, wird der oder die Klärende, jemand, der klar kommuniziert, Grenzen setzt, aber dabei respektvoll bleibt. Ein Beispiel: In einem Teammeeting unterbricht eine Kollegin ständig. Der Täter würde mit scharfem Ton konfrontieren: „Du lässt nie jemanden ausreden!" Der Klärende sagt hingegen: „Mir ist aufgefallen, dass ich oft nicht aussprechen kann. Mir ist es wichtig, dass wir uns gegenseitig zuhören. Können wir das gemeinsam anders gestalten?"

Ein weiteres Beispiel: Ein Vater ärgert sich darüber, dass sein Sohn seine Aufgaben nicht erledigt hat, und ruft laut: „Du bist so faul - dir ist doch alles egal!" Das ist die

Täterrolle. Der Klärende würde stattdessen sagen: „Ich merke, dass ich enttäuscht bin, wenn du deine Aufgaben nicht erledigst. Es ist mir wichtig, dass wir Absprachen einhalten. Wie können wir das in Zukunft gemeinsam besser hinbekommen?" Diese Formulierung wahrt den Kontakt und vermittelt gleichzeitig Klarheit.

Noch ein Beispiel: Eine Führungskraft ist verärgert, weil ein Teammitglied ein Projektziel nicht eingehalten hat, und schickt eine schroffe E-Mail mit Vorwürfen. Das ist Täterverhalten. In der Rolle des Klärenden würde dieselbe Führungskraft stattdessen das persönliche Gespräch suchen und sagen: „Mir ist aufgefallen, dass die Deadline nicht eingehalten wurde. Ich möchte verstehen, was passiert ist und wie wir gemeinsam dafür sorgen können, dass wir künftig besser im Zeitplan bleiben." Auch hier entsteht durch die klare, aber wertschätzende Sprache eine Grundlage für konstruktive Veränderung.

Diese neuen Rollen, Gestalter:in, Unterstützer:in, Klärende:r, stehen für eine bewusste, erwachsene Kommunikationsweise. Sie beruhen auf Klarheit, Selbstverantwortung und Beziehung auf Augenhöhe. NLP bietet hier nicht nur Sprache und Techniken, sondern eine innere Haltung: Jede:r kann jederzeit aussteigen, sich neu positionieren, den Verlauf eines Gesprächs oder Konflikts bewusst beeinflussen. So wird aus dem alten Drama ein neuer Dialog.

NLP-Methoden wie Reframing, Ankerarbeit, Glaubenssatzveränderung oder Teilearbeit können helfen, die inneren Antreiber hinter den Rollen aufzudecken und neue Handlungsoptionen zu entwickeln. Besonders hilfreich ist hier auch das sogenannte Modell der Wahrnehmungspositionen, bei dem eine Situation aus verschiedenen Perspektiven (eigene Position, fremde Position, Beobachterposition) betrachtet wird. So können festgefahrene Wahrnehmungsmuster aufgebrochen werden.

Die Arbeit mit dem Dramadreieck erfordert Ehrlichkeit, Selbstreflexion und die Bereitschaft, gewohnte Rollen loszulassen. Doch der Gewinn ist groß: mehr Freiheit, mehr Klarheit, mehr Verbindung. Wer die Dynamik erkennt und sich ihr entzieht, wird nicht nur gelassener, sondern ermöglicht auch anderen, aus dem Spiel auszusteigen. NLP versteht Kommunikation als wechselseitigen Prozess und bietet konkrete Werkzeuge, um diesen Prozess bewusst zu gestalten.

Praxisimpuls: Deine Rolle im Spiel erkennen

- Denke an eine konkrete Konfliktsituation in deinem Leben. Welche Rolle hast du eingenommen: Täter, Opfer oder Retter?
- Welche Reaktion hast du dadurch bei anderen ausgelöst? Haben sich die Rollen im Verlauf verändert?
- Was hast du durch diese Rolle unbewusst gesucht - Sicherheit, Nähe, Kontrolle, Anerkennung?
- Wie könntest du in einer ähnlichen Situation künftig anders handeln: als Gestalter:in, Unterstützer:in oder Klärende:r?
- Welche innere Haltung brauchst du, um bewusst aus dem Drama auszusteigen?

Manchmal beginnt Veränderung damit, die Bühne zu verlassen, und nicht länger mitzuspielen. NLP lädt dich ein, zum Regisseur deines Erlebens zu werden, mit Bewusstsein, Klarheit und der Freiheit, neu zu wählen.

Die Kraft der Metaphern

Menschen denken in Geschichten. Unser Gehirn liebt Bilder, Sinnzusammenhänge und symbolische Sprache. Komplexe Erfahrungen werden nicht als nackte Fakten erinnert, sondern in Form von Episoden, Symbolen und inneren Bildern gespeichert. In der Kommunikation, ob im Alltag, in Beratung oder Therapie, greifen wir daher ganz intuitiv auf sprachliche Bilder zurück. Wir sprechen von „am Boden zerstört sein", von „Licht am Ende des Tunnels", davon, „eine Mauer zwischen uns" zu spüren oder „auf Wolken zu schweben". Diese sprachlichen Bilder sind mehr als nur Stilmittel: Sie geben Einblick in unsere subjektive Wirklichkeitskonstruktion. Im NLP wird mit diesen inneren Bildern gezielt gearbeitet, um innere Prozesse zu verstehen, emotionale Zugänge zu eröffnen und Veränderung auf einer tieferen, symbolischen Ebene zu ermöglichen.

Metaphern sind Brücken zwischen dem Bewussten und dem Unbewussten. Sie ermöglichen es, schwierige Themen indirekt anzusprechen und so den Widerstand zu reduzieren. Wer sich zum Beispiel in einer Krise befindet, kann oft schwer über konkrete Probleme sprechen, aber vielleicht sehr wohl darüber, „sich in einem Sturm zu befinden" oder „nicht zu wissen, wohin das Schiff fährt". Solche Bilder laden zur Vertiefung ein. Sie enthalten bereits implizite Botschaften: Ein Sturm geht vorbei, ein Schiff hat eine Richtung, es gibt ein Ufer in der Ferne. In der Metapher liegt damit oft schon der erste Impuls zur Lösung.

Metaphern sprechen eine andere Sprache als die des logischen Denkens. Sie eröffnen einen Raum, in dem Gegensätze gleichzeitig bestehen dürfen: Stärke und Verletzlichkeit, Klarheit und Zweifel, Wunsch und Angst. Wenn Worte fehlen, kann ein Bild entstehen, und dieses Bild wirkt oft tiefer als jede Analyse. Gerade deshalb ist Metaphernarbeit im NLP so wirksam: Sie nutzt die kreative Kraft des Unbewussten, um innere Landkarten zu erweitern.

Im NLP unterscheiden wir zwischen Metaphern, die von Klient:innen selbst verwendet werden (spontane Metaphern), und solchen, die gezielt in der Kommunikation eingesetzt werden (therapeutische oder didaktische Metaphern). Spontane Metaphern sind besonders wertvoll, weil sie direkt aus dem Erleben der Person stammen. Ein erfahrener Coach oder Berater hört sie heraus und arbeitet mit ihnen weiter: „Wenn du sagst, du sitzt in einem Boot ohne Ruder, wie sieht dieses Boot aus? Bist du allein darin? Gibt es Wind? Was würdest du dir wünschen, damit du wieder steuern kannst?" Solche Fragen laden zum Perspektivwechsel ein, zur symbolischen Bearbeitung und zur Aktivierung innerer Ressourcen. Didaktische oder therapeutische Metaphern hingegen sind bewusst eingesetzte Geschichten, Gleichnisse oder symbolische Bilder, die bestimmte Prozesse anstoßen sollen. Sie werden oft eingesetzt, um Veränderungsimpulse elegant zu verpacken. Besonders bekannt ist der Einsatz von Metaphern in der hypnotherapeutischen Arbeit nach Milton Erickson. Seine Geschichten , scheinbar beiläufig erzählt, transportieren tiefgreifende Botschaften und regen auf einer tieferen Ebene zur Neuorientierung an.

Ein Beispiel für die Arbeit mit Metaphern: Eine Frau fühlt sich in ihrem Leben festgefahren. Die Beraterin erzählt die Geschichte eines Gartens, in dem ein alter Baum wächst. Viele seiner Äste sind vertrocknet, aber tief im Inneren fließt noch Saft. Als ein Gärtner kommt und den Baum behutsam zurückschneidet, beginnt er neu auszutreiben. Die Geschichte spricht für sich, sie muss nicht erklärt werden. Die Klientin erkennt sich in ihr wieder, und der Impuls zur Veränderung wird auf einer inneren Ebene verankert.

Ein weiteres konkretes Beispiel: Ein junger Mann hat Schwierigkeiten, Entscheidungen zu treffen, und beschreibt sich selbst als jemand, der ständig auf der Stelle tritt. Die Beraterin greift seine Sprache auf und erzählt die Geschichte eines Reisenden, der an einer Wegkreuzung steht. Er wartet auf ein klares Zeichen, auf die perfekte Route. Doch nichts geschieht. Erst als der Reisende sich entscheidet, einfach einen ersten Schritt zu machen, beginnt der Nebel sich zu lichten, und der Weg zeigt sich. Die Geschichte ermöglicht es dem Klienten, sein eigenes Zögern in einem neuen Licht zu sehen, nicht als Schwäche, sondern als Teil eines natürlichen inneren Prozesses. Sie eröffnet den Raum für die Erkenntnis: Bewegung bringt Klarheit.

Oder ein weiterer Fall: Eine Klientin leidet unter dem Gefühl, sich selbst verloren zu haben. Sie sagt, sie fühle sich wie jemand, der seinen inneren Kompass verloren hat. Der Coach erzählt ihr die Metapher eines alten, verstaubten Kompasses, der in einer Schublade liegt. Niemand hat ihn lange beachtet, doch als er wieder in die Hand genommen und gereinigt wird, beginnt die Nadel sich zu bewegen, langsam, aber zuverlässig. Diese Geschichte schenkt der Klientin Hoffnung und lädt sie ein, sich behutsam wieder mit ihrem inneren Wissen zu verbinden. Die Metapher wirkt wie ein Bild, das sie im Herzen mitnimmt und das ihren Veränderungsprozess begleitet. Eine Frau fühlt sich in ihrem Leben festgefahren. Die Beraterin erzählt die Geschichte eines Gartens, in dem ein alter Baum wächst. Viele seiner Äste sind vertrocknet, aber tief im Inneren fließt noch Saft. Als ein Gärtner kommt und den Baum behutsam zurückschneidet, beginnt er neu auszutreiben. Die Geschichte spricht für sich, sie muss nicht erklärt werden. Die Klientin erkennt sich in ihr wieder, und der Impuls zur Veränderung wird auf einer inneren Ebene verankert.

Ein zentrales Element der Metaphernarbeit ist die Mehrdeutigkeit. Gute Metaphern lassen Raum für eigene Deutungen. Sie legen keine Lösung fest, sondern eröffnen Möglichkeitsräume. Wer eine Metapher hört, füllt sie mit eigenen Bildern, Erinnerungen, Bedeutungen. Dadurch entsteht eine Verbindung zwischen dem äußeren Sprachbild und der inneren Erlebniswelt. Die Veränderung geschieht nicht durch Analyse, sondern durch Resonanz. Die innere Bewegung entsteht oft ganz von selbst, ohne dass sie von außen gefordert wird.

Im NLP werden Metaphern genutzt, um emotionale Zustände zu beschreiben, Werte zu vermitteln, Widerstände zu umgehen oder Ressourcen zugänglich zu machen. Auch in der Zielarbeit spielen sie eine wichtige Rolle: Wer nicht nur sagt „Ich möchte mich sicherer fühlen", sondern beschreibt „Ich möchte wieder wie ein Fels in der Brandung stehen" aktiviert andere innere

Qualitäten. Metaphern geben Zielen Tiefe, Richtung und emotionale Aufladung.

Metaphernarbeit kann auch mit anderen NLP-Techniken kombiniert werden. So lässt sich zum Beispiel eine Metapher mit der Submodalitätenarbeit verbinden: Wie sieht das innere Bild genau aus? Welche Farben, Bewegungen, Klänge sind damit verbunden? Oder mit der Timeline-Arbeit: Wo auf deiner inneren Zeitlinie erscheint das Bild des Weges, den du gerade gehst? Auch die Teilearbeit kann symbolisch unterstützt werden, etwa wenn ein innerer Anteil als Tier, Landschaft oder Figur dargestellt wird.

Ein weiteres Element der Metaphernarbeit ist die Gestaltung von Ressourcenmetaphern. Dabei wird ein positives Erlebnis oder eine Stärke in ein kraftvolles Bild übertragen, etwa ein Schutzmantel, eine strahlende Sonne im Herzen, ein innerer Leuchtturm. Diese Bilder können gezielt verankert und immer wieder abgerufen werden. Gerade bei Menschen, die sich damit schwer tun, Gefühle sprachlich auszudrücken, eröffnen solche Bilder einen emotionalen Zugang zu Selbstwirksamkeit und innerem Wachstum.

Auch in Gruppen lassen sich Metaphern wirkungsvoll einsetzen, etwa in Form von Imaginationsreisen, symbolischen Geschichten oder kreativen Übungen. Eine Gruppe, die gemeinsam eine Brücke baut, im wörtlichen oder übertragenen Sinne, entwickelt ein anderes Wir-Gefühl als eine, die nur über Ziele spricht. Metaphern verbinden, berühren, öffnen. Sie sprechen nicht nur den Verstand an, sondern das Herz.

Die Kunst der Metaphernarbeit liegt nicht nur im Erzählen, sondern vor allem im Zuhören. Wer achtsam hinhört, erkennt, wie reich an Bildern die Sprache der anderen ist. Oft genügt es, eine Metapher, die beiläufig fällt, aufzugreifen und weiterzufragen: „Was bedeutet dieses Bild für dich?" oder „Wie sieht es aus, wenn du diesen Knoten langsam löst?", und schon öffnet sich ein Raum, in dem Veränderung möglich wird. Dabei gilt: Nicht jede Metapher muss aufgelöst oder analysiert werden. Manchmal genügt es, ihr Raum zu geben, wie einem Bild in einer Galerie, das in Stille auf sich wirken darf.

Praxisimpuls: Deine innere Metapher entdecken

- Denke an ein aktuelles Thema, das dich beschäftigt. Wie würdest du es als Bild oder Geschichte beschreiben? Vielleicht ist es ein Gefühl wie in einem Tunnel, auf einem steilen Weg, in einem Dschungel oder auf einer Baustelle.
- Beschreibe dieses Bild so detailliert wie möglich: Was siehst, hörst und fühlst du darin? Bist du allein oder begleitet? Gibt es Bewegung, ein Ziel, eine Richtung?
- Frage dich: Was müsste sich in diesem Bild verändern, damit es sich besser anfühlt? Welche Ressource, Hilfe oder neue Perspektive könntest du hineinbringen?
- Notiere deine Erkenntnisse oder skizziere dein inneres Bild. Vielleicht möchtest du sogar eine kleine Geschichte daraus schreiben, in der sich das Bild verwandelt.
- Lies deine Geschichte laut, oder erzähle sie einer vertrauten Person. Beobachte, wie sich das Erzählen auf dein Gefühl zum Thema auswirkt.
- Überlege, ob du dir einen kleinen Gegenstand oder ein Symbol suchst, das dich an deine neue innere Metapher erinnert, als Anker für deinen Alltag.

Metaphern sind mehr als Worte. Sie sind Türen zu deiner inneren Welt. Und manchmal reicht ein neues Bild, um einen alten Knoten zu lösen und neue Wege sichtbar zu machen. In der Sprache der Bilder liegt die Kraft, das Unsagbare zu sagen, und das Unmögliche möglich werden zu lassen.

Neue Bedeutungsrahmen eröffnen neue Möglichkeiten

Unsere Wirklichkeit ist nicht das, was ist, sondern das, was wir daraus machen. Im NLP heißt das: Bedeutung entsteht nicht aus dem Ereignis selbst, sondern aus dem Rahmen, in den wir es setzen. Dieser Rahmen, englisch „frame", bestimmt, wie wir etwas wahrnehmen, bewerten und erleben. Reframing bedeutet, diesen Rahmen bewusst zu verändern. Es ist eine Einladung, die Perspektive zu wechseln und damit die emotionale und kognitive Wirkung eines Ereignisses zu verändern. Was eben noch als Problem erschien, kann so zur Ressource werden. Was schmerzlich war, kann zum Ausgangspunkt inneren Wachstums werden.

Reframing ist eine der zentralen Methoden im NLP. Sie ermöglicht es, eingefahrene Denkmuster zu durchbrechen, neue Handlungsoptionen zu entdecken und sich aus inneren Blockaden zu lösen. Dabei geht es nicht darum, Probleme schönzureden oder zu verharmlosen, sondern darum, sie in einen neuen Kontext zu stellen. Ein Beispiel: Wer sich über seine eigene Nervosität vor einem Vortrag ärgert, kann lernen, diese als Zeichen von Engagement und Lebendigkeit zu sehen. Aus der Angst wird Vorfreude. Aus dem Symptom wird ein Signal.

Es gibt zwei Hauptformen des Reframings im NLP: Kontext-Reframing und Bedeutungs-Reframing. Beim Kontext-Reframing wird gefragt: In welchem anderen Zusammenhang könnte dieses Verhalten oder diese Eigenschaft sinnvoll oder sogar wertvoll sein? Das Ziel ist es, eine neue Perspektive auf ein Verhalten oder eine Eigenschaft zu gewinnen, indem man sie in einem anderen Licht betrachtet, also in einem anderen Kontext.

Ein Beispiel: Ein Kind, das ständig widerspricht, wird oft als anstrengend, ungehorsam oder schwierig wahrgenommen. Im alltäglichen Familienkontext führt dieses Verhalten vielleicht zu Konflikten. Doch in einem anderen Rahmen, etwa im späteren Berufsfeld als Anwältin, Aktivist oder investigative:r Journalist:in, kann genau diese Fähigkeit, kritisch zu hinterfragen und sich nicht mit einfachen Antworten zufrieden zu geben, zu einer großen Stärke werden. Das Verhalten bleibt dasselbe, aber der Rahmen, in dem es betrachtet wird, verleiht ihm eine neue Bedeutung.

Ein weiteres Beispiel: Eine Person wird von ihrem Umfeld als „zu emotional" beschrieben. Im beruflichen Kontext wird sie vielleicht als überempfindlich gesehen, in zwischenmenschlichen Beziehungen womöglich als zu nah am Wasser gebaut. Doch betrachtet man dieselbe Eigenschaft im Kontext von Beratung, Therapie oder Kunst, wird deutlich: Diese emotionale Feinfühligkeit ist eine wertvolle Ressource, die tiefes Mitgefühl, kreative Ausdrucksfähigkeit und soziale Intuition ermöglicht. Der Rahmen verändert die Bewertung, aus einem vermeintlichen Defizit wird ein Talent.

Kontext-Reframing lädt also dazu ein, sich von vorschnellen Etikettierungen zu lösen. Es ermutigt dazu, Verhalten nicht isoliert, sondern systemisch und situativ zu betrachten. Gerade in Coaching und Beratung eröffnet diese Methode oft überraschende Aha-Momente: Klient:innen erkennen, dass sie sich für etwas verurteilen, das in anderen Lebensbereichen ein Geschenk sein könnte. Durch diesen neuen Bedeutungsrahmen wird Entwicklung möglich, nicht durch Veränderung des Verhaltens, sondern durch einen Wechsel des Blickwinkels.

Beim Bedeutungs-Reframing wird die Interpretation eines Ereignisses verändert. Die zentrale Frage lautet hier: Welche andere Bedeutung könnte ich dieser Situation geben? Es geht darum, das, was geschehen ist, mit einem neuen Sinn zu versehen, einer, der handlungsfähig macht, der stärkt, anstatt zu lähmen. Bedeutungs-Reframing lädt dazu ein, hinderliche Deutungsmuster zu hinterfragen und bewusst zu wählen, welche Geschichte wir über ein Ereignis erzählen möchten.

Ein klassisches Beispiel: Jemand wird gekündigt und empfindet dies zunächst als persönliches Scheitern. Gedanken wie „Ich habe versagt" oder „Ich bin nicht gut genug" stellen sich ein. Die emotionale Folge sind Scham, Rückzug und Selbstzweifel. Mit Reframing kann dieselbe Situation jedoch in einem völlig neuen Licht erscheinen: Vielleicht war der alte Job ohnehin längst unbefriedigend. Vielleicht ist die Kündigung der äußere Anstoß, um endlich den mutigen Schritt in die Selbstständigkeit zu wagen oder sich in einem Bereich weiterzuentwickeln, der besser zu den eigenen Werten passt. Die Kündigung wird dann nicht als Ende, sondern als Anfang erlebt, als Impuls zur Neuausrichtung.

Ein weiteres Beispiel: Eine junge Frau erzählt, sie sei ständig zu spät und schäme sich dafür. Im bisherigen Bedeutungsrahmen gilt ihr Verhalten als unhöflich oder desorganisiert. Durch Reframing gelingt es, einen anderen Blick zu entwickeln: Ihr „Zu-spät-Kommen" ist Ausdruck ihres intensiven, gegenwärtigen Erlebens, sie verliert sich oft so tief in Gesprächen oder Tätigkeiten, dass sie die Zeit vergisst. Diese Fähigkeit, sich ganz in den Moment zu versenken, ist in kreativen Prozessen oder bei empathischen Begegnungen ein Geschenk. So wird das bisher als Schwäche interpretierte Verhalten zur Ressource, die, in einem anderen Rahmen, großen Wert hat.

Bedeutungs-Reframing bedeutet nicht, die Realität zu leugnen oder alles schönzureden. Es geht vielmehr darum, das eigene Erleben zu erweitern, neue Deutungsangebote zu machen und sich selbst aus einer neuen Perspektive zu betrachten. In der NLP-Praxis wird dabei mit gezielten Fragen gearbeitet wie: „Was könnte an dieser Erfahrung sinnvoll sein?", „Was lernst du gerade über dich?", „Wie würdest du das rückblickend in zehn Jahren sehen?". Diese Fragen öffnen Türen zu neuen inneren Narrativen, solchen, die stärken statt schwächen.

Reframing wirkt auf mehreren Ebenen: emotional, kognitiv und oft auch physiologisch. Wer eine belastende Situation plötzlich in einem anderen Licht sieht, erlebt Entlastung. Die Spannung lässt nach, neue Energie wird frei. Es ist, als würde ein innerer Knoten sich lösen und Raum schaffen für neue Möglichkeiten. Menschen berichten oft, dass sie nach einem erfolgreichen Reframing-Prozess nicht nur anders denken, sondern sich auch körperlich leichter, klarer oder entspannter fühlen.

NLP nutzt diesen Effekt gezielt, etwa in der Arbeit mit inneren Glaubenssätzen, in der Zielklärung oder im Umgang mit Konflikten. So kann beispielsweise ein blockierender Glaubenssatz wie „Ich darf keine Fehler machen" durch Reframing zu „Fehler sind ein Zeichen dafür, dass ich wachse und Neues lerne" transformiert werden. Diese neue Sichtweise wirkt nicht nur im Denken, sondern beeinflusst auch Entscheidungen, Verhalten und das Selbstbild.

Auch im Zielcoaching ist Reframing eine kraftvolle Methode: Wenn ein Ziel nicht erreichbar scheint, kann es helfen, die Perspektive zu wechseln und die Bedeutung des Ziels zu hinterfragen. Vielleicht geht es nicht um das Ziel selbst, sondern um ein dahinterliegendes Bedürfnis, etwa nach Sicherheit, Selbstwirksamkeit oder Verbindung. Durch das Reframing wird dieses Bedürfnis sichtbar, und es eröffnen sich neue Wege, es zu erfüllen.

Die Fähigkeit, flexibel zu denken und Bedeutungsrahmen zu verschieben, gilt im NLP als ein zentrales Element von innerer Freiheit und Resilienz. Menschen, die in der Lage sind, ihre Sichtweise bewusst zu verändern, reagieren anpassungsfähiger auf Herausforderungen, können konstruktiver mit schwierigen Gefühlen umgehen und erleben sich selbst als handlungsfähiger. Reframing ist somit nicht nur eine Technik, sondern auch eine Haltung, eine Einladung, die Wirklichkeit nicht als starr, sondern als gestaltbar zu erleben.

Ein besonders wirkungsvolles Beispiel für Reframing findet sich in der Arbeit mit sogenannten „schwierigen Anteilen". Ein Mensch beschreibt zum Beispiel seine innere Kritikerin als hinderlich und quälend. Diese Stimme kommentiert jede Handlung, zweifelt, kritisiert und scheint nur darauf bedacht, das Selbstwertgefühl zu untergraben. Im Reframing wird gefragt: „Wofür ist diese Stimme vielleicht gut?", und oft zeigt sich, dass sie ursprünglich eine Schutzfunktion hatte: Sie wollte verhindern, dass man sich blamiert, einen Fehler macht oder Ablehnung erfährt. Vielleicht stammt sie aus einer Zeit, in der Fehler unangenehme Konsequenzen hatten, etwa in der Schule oder im Elternhaus, und versucht nun, vor ähnlichem Schmerz zu schützen.

Durch diese neue Sichtweise entsteht Mitgefühl statt Abwehr, Dialog statt Kampf. Der innere Kritiker wird nicht mehr als Feind betrachtet, sondern als überfürsorglicher Anteil, der zwar in seiner Art unangenehm ist, aber ursprünglich helfen wollte. Daraus kann ein inneres Gespräch entstehen: „Ich sehe, dass du mich beschützen willst, aber heute brauche ich das auf eine andere Weise. Lass uns gemeinsam einen neuen Umgang finden." Solche inneren Dialoge schaffen emotionale Entlastung und eröffnen neue Handlungsspielräume.

Ein weiteres Beispiel: Jemand erlebt in Konflikten immer wieder starke Wut und bewertet diese als destruktiv oder peinlich. Durch Reframing kann die Wut als Ausdruck von Klarheit, Gerechtigkeitsempfinden oder dem Bedürfnis nach Integrität verstanden werden. Auch hier gilt: Der Ausdruck der Wut kann problematisch sein, ihr Ursprung jedoch weist auf ein wertvolles inneres Anliegen hin. Indem man diesen Ursprung würdigt, wird die Energie der Wut nicht unterdrückt, sondern kann in konstruktive Bahnen gelenkt werden.

Ein drittes Beispiel: Eine Frau beschreibt ihren inneren Anteil, der ständig Kontrolle ausübt, in Beziehungen, im Beruf, im Alltag. Sie empfindet diesen Kontrollzwang als belastend und verspürt gleichzeitig Scham darüber. Im Reframing zeigt sich, dass dieser Anteil aus einer tiefen Angst vor Chaos, Ohnmacht oder Verletzung heraus entstanden ist. Kontrolle war einst ein Versuch, Sicherheit zu schaffen. Diese Erkenntnis verändert den Blick: Was bisher als neurotisches Verhalten erschien, wird als früh gelernte Überlebensstrategie verstehbar. Aus dieser Haltung heraus kann der innere Anteil eingeladen werden, loszulassen, Stück für Stück, im Vertrauen darauf, dass Sicherheit heute auch auf andere Weise möglich ist.

Reframing kann auch humorvoll geschehen. Viele NLP-Trainer:innen nutzen absichtliche Übertreibungen, Ironie oder paradoxe Interventionen, um festgefahrene Sichtweisen aufzubrechen. Ein Beispiel: Jemand sagt, er sei „viel zu sensibel". Der Coach antwortet: „Großartig, dann haben Sie ein hochpräzises Wahrnehmungssystem, das andere Menschen oft nicht besitzen!" Solche Interventionen wirken oft erleichternd und öffnen das Gespräch für neue Sichtweisen.

Wichtig beim Reframing ist die Haltung: Es geht nicht darum, jemandem eine neue Bedeutung aufzuzwingen, sondern gemeinsam eine zu finden, die hilfreich, stärkend und stimmig ist. Reframing ist keine Technik, die man anwendet, sondern eine Kunst, die aus Präsenz, Empathie und sprachlicher Feinfühligkeit besteht. Gute Reframingprozesse entstehen im Dialog, nicht im Monolog.

Praxisimpuls: Übe dich im Reframing

- Denke an eine Situation, die dich ärgert oder belastet. Was genau macht diese Situation für dich schwierig?
- Überlege nun: In welchem anderen Kontext könnte dieses Verhalten oder Ereignis eine Stärke sein? Wer würde sich über diese Eigenschaft vielleicht freuen?

- Welche neue Bedeutung könntest du der Situation geben? Was könnte der verborgene Gewinn, die Lektion oder das Geschenk sein?
- Formuliere mindestens drei alternative Sichtweisen. Wähle dann diejenige aus, die sich für dich stimmig und hilfreich anfühlt.
- Beobachte, wie sich dein emotionales Erleben der Situation verändert, wenn du den Rahmen veränderst.

Die Welt bleibt, wie sie ist, doch wie du sie siehst, kannst du verändern. Reframing schenkt dir diese Freiheit. Es erinnert dich daran, dass in jeder Geschichte eine andere steckt, die erzählt werden möchte, und dass du der oder diejenige bist, die neu erzählen kann.

Denken in sinnvollen Größenordnungen

Chunking ist ein Begriff aus dem NLP, der die Fähigkeit beschreibt, Informationen in sinnvolle Einheiten oder „Chunks" zu gliedern. Ursprünglich stammt der Begriff aus der Kognitionspsychologie und bezeichnet dort die Tendenz des menschlichen Gehirns, große Informationsmengen in kleinere, verdauliche Einheiten aufzuteilen. Im NLP wird Chunking als bewusste Technik genutzt, um Kommunikation, Lernen, Problemlösen und Veränderung effektiver zu gestalten.

Grundsätzlich unterscheidet man im NLP drei Arten des Chunking: Chunking up (Generalisierung), Chunking down (Konkretisierung) und Chunking sideways (Vergleich auf derselben logischen Ebene).

Beim Chunking up wird eine Information auf eine höhere Abstraktionsebene gebracht. Man stellt die Frage: „Wozu gehört das?", „Was ist das Übergeordnete?" oder „Was ist der Zweck dahinter?" Dadurch wird der Blick weiter und die Perspektive ganzheitlicher. Anstatt sich im Detail zu verlieren, wird der Sinnzusammenhang betont, der das Einzelne in einen größeren Rahmen stellt.

Ein Beispiel: Jemand sagt, er möchte mehr Sport machen. Chunking up könnte zu der Erkenntnis führen: „Ich möchte mich gesund und lebendig fühlen." Der konkrete Wunsch wird in einen größeren Zusammenhang eingebettet, und das „Warum" hinter dem Verhalten wird sichtbar. Diese übergeordnete Ebene kann motivierend wirken und neue Handlungsmöglichkeiten eröffnen.

Wenn es um Gesundheit und Lebendigkeit geht, ist Sport nur eine von vielen Ausdrucksformen - auch gesunde Ernährung, ausreichend Schlaf oder erfüllende soziale Kontakte tragen dazu bei. Chunking up hilft also nicht nur beim Verstehen, sondern auch beim Erweitern der Optionen.

Ein weiteres Beispiel: Eine Mitarbeiterin hat Schwierigkeiten mit einem neuen Projekt und fühlt sich überfordert. Sie sagt: „Ich komme damit nicht klar." Ein Chunking-up-Ansatz könnte lauten: „Worum geht es dir in der Arbeit grundsätzlich?" Ihre Antwort könnte sein: „Ich möchte gute Arbeit leisten und mich weiterentwickeln." Diese Perspektive verlagert den Fokus vom kurzfristigen Problem auf ein langfristiges Ziel. Die Überforderung wird damit nicht bagatellisiert, aber sie erscheint im Licht eines größeren Entwicklungsprozesses. So entsteht Raum für Lösungen, die mit dem übergeordneten Anliegen im Einklang stehen.

Chunking up eignet sich auch hervorragend in Konfliktsituationen. Wenn zwei Menschen unterschiedliche Positionen vertreten, hilft oft die Frage: „Was ist euch beiden wichtig, jenseits der konkreten Meinungsverschiedenheit?" Häufig zeigt sich, dass auf höherer Ebene ein gemeinsamer Wert besteht - etwa der Wunsch nach gegenseitigem Respekt, Sicherheit oder Gerechtigkeit. Dieser gemeinsame Nenner kann dann als Basis für eine neue Verständigung dienen.

Beim Chunking down geht es um das Gegenteil: Man konkretisiert, geht ins Detail, fragt: „Was genau meinst du damit?", „Wie genau soll das aussehen?", „Welche konkreten Schritte gehören dazu?" Diese Form des Chunking ist besonders hilfreich, wenn Menschen vage formulieren oder ein Ziel zu abstrakt bleibt. Denn häufig entsteht aus der Unklarheit auch Unsicherheit oder Aufschieberitis - solange ein Vorhaben nicht konkretisiert ist, lässt es sich auch nicht realisieren.

Ein Beispiel: Jemand sagt, er möchte erfolgreicher werden. Diese Aussage ist zwar verständlich, aber sehr unspezifisch. Chunking down könnte hier dazu führen, dass die Person formuliert: „Ich möchte in den nächsten sechs Monaten drei neue Kunden gewinnen." Damit wird das Ziel überprüfbar, messbar und in konkrete Handlungen übersetzbar.

Ein weiteres Beispiel: Eine Frau äußert, sie möchte mehr Zeit für sich. Chunking down würde hier bedeuten zu fragen: „Was bedeutet das genau? Womit würdest du diese Zeit füllen? Wie oft pro Woche? Für wie lange?" Daraus entsteht vielleicht: „Ich möchte zweimal pro Woche jeweils eine Stunde spazieren gehen, ohne Handy, nur mit mir." Erst durch diese Detaillierung wird das Bedürfnis greifbar - und damit umsetzbar.

Chunking down eignet sich auch sehr gut zur Vorbereitung auf anspruchsvolle Gespräche oder Projekte. Wenn eine Präsentation bevorsteht, hilft es nicht nur zu wissen, dass sie gut werden soll, sondern konkret zu klären: „Was macht sie gut? Wer ist das Publikum? Wie lange darf ich sprechen? Was sind die drei Kernbotschaften?" Durch diese schrittweise Konkretisierung entsteht ein klares Bild - und aus vager Vorstellung wird zielgerichtetes Handeln.

Chunking sideways ist eine Technik, bei der Informationen auf derselben logischen Ebene verglichen oder ergänzt werden. Man fragt: „Was ist etwas Ähnliches?", „Was gehört in dieselbe Kategorie?" oder „Welche anderen Möglichkeiten gibt es auf dieser Ebene?" Dies erweitert die Auswahl und schafft Vielfalt, ohne dabei die übergeordnete Richtung zu verändern.

Ein Beispiel: Wenn jemand sagt, er mag keine Joggingrunde, könnte man sideways fragen: „Welche andere Bewegungsform gefällt dir? Radfahren, Schwimmen, Tanzen?" Das Ziel, Bewegung, bleibt erhalten, doch die Form wird flexibel gestaltet.

Ein weiteres Beispiel: Eine Klientin sagt, sie fühlt sich in ihrem Büroalltag ständig erschöpft. Auf derselben Ebene liegend, könnte man fragen: „Welche anderen Arten von Arbeitsrhythmen oder Pausenstrukturen kennst du?" oder „Gibt es andere Tätigkeiten im Arbeitskontext, die dir Energie geben?" So entstehen neue Varianten und die Möglichkeit, gezielt auszuwählen.

Chunking sideways eignet sich auch hervorragend im kreativen Denken. Wenn jemand etwa nach einem neuen Hobby sucht, das Entspannung bringt, aber Meditation zu still erscheint, könnten Vorschläge wie Malen, Gärtnern oder langsames Wandern als alternative Entspannungsformen genannt werden, alle innerhalb derselben logischen Kategorie. Durch diese Technik werden Denkprozesse angeregt, die über gewohnte Pfade hinausgehen, und das Gefühl von Wahlfreiheit wird gestärkt.

Gerade in Situationen, in denen man sich eingeschränkt oder in einer Sackgasse fühlt, kann Chunking sideways den nötigen Impuls liefern, um wieder in Bewegung zu kommen, geistig wie emotional. Es fördert Flexibilität, ohne die Orientierung zu verlieren.

Im Coaching, in der Zielarbeit oder in Entscheidungsprozessen ist Chunking besonders hilfreich, weil es Menschen ermöglicht, Denkblockaden zu lösen. Wer sich überfordert fühlt, kann durch Chunking down einzelne Handlungsschritte erkennen. Wer sich in Details verliert, kann durch Chunking up wieder an den Sinn und das große Ganze andocken. Und wer sich festgefahren fühlt, findet durch Chunking sideways neue Optionen. Ein weiterer Vorteil des Chunking ist die Verbesserung von Kommunikation. Gerade in Gesprächen zwischen Menschen mit unterschiedlichen Denkstilen, etwa zwischen visionären „Big-Picture"-Typen und detailverliebten „Feinplaner:innen", kann es zu Missverständnissen kommen. Chunking hilft, die Sprachebene des Gegenübers zu erkennen und sich bewusst darauf einzustellen. Wer merkt, dass sein Gesprächspartner auf einer anderen Ebene „chunkt", kann die eigene Kommunikation anpassen, um besser verstanden zu werden.

Chunking lässt sich auch hervorragend im Selbstcoaching einsetzen. Wenn du ein Ziel hast, frage dich:

- Was ist mir daran wirklich wichtig? (Chunking up)
- Was genau bedeutet das für mich? Welche Schritte gehören dazu? (Chunking down)
- Welche anderen Möglichkeiten gibt es, dieses Ziel zu erreichen? (Chunking sideways)

Praxisimpuls: Struktur für Klarheit

- Nimm ein aktuelles Thema, das dich beschäftigt - ein Ziel, ein Problem oder eine Entscheidung.
- Chunking up: Frage dich, was dir daran im tieferen Sinne wichtig ist. Wozu dient dieses Thema? Was ist das dahinterliegende Bedürfnis?
- Chunking down: Werde konkret. Welche einzelnen Elemente gehören dazu? Was ist der erste kleine Schritt?
- Chunking sideways: Überlege, welche vergleichbaren Möglichkeiten es noch gibt. Welche anderen Wege könntest du gehen?

Chunking hilft dir, flexibler zu denken, präziser zu formulieren und klarer zu entscheiden. Es ist eine einfache, aber äußerst wirksame Methode, um Komplexität zu strukturieren, im Denken, im Fühlen und im Handeln.

Strategien erkennen und gestalten

Im NLP bezeichnet der Begriff „Strategie" nicht einfach einen Plan oder eine Zielsetzung, sondern eine spezifische Abfolge innerer und äußerer Wahrnehmungsschritte, die zu einem bestimmten Ergebnis führen. Es geht um die Art und Weise, wie Menschen denken, fühlen, entscheiden, lernen oder handeln, also um die Struktur subjektiver Erfahrung. Die Strategiearbeit ist eines der komplexeren, aber auch wirkungsvollsten Werkzeuge im NLP, da sie es ermöglicht, unbewusste Denk- und Handlungsmuster präzise zu analysieren und bei Bedarf gezielt zu verändern.

Jede Strategie besteht aus einer Abfolge von Repräsentationssystemen, also inneren Bildern, Tönen, Gefühlen, Worten oder körperlichen Empfindungen, die in einer bestimmten Reihenfolge und mit spezifischen Submodalitäten auftreten. Diese Abfolge, auch bekannt als das „T.O.T.E.-Modell" (Test - Operate - Test - Exit), beschreibt die Schritte, mit denen wir prüfen, ob ein Ziel erreicht ist, welche Handlung wir setzen, wie wir den Erfolg kontrollieren und wann wir den Prozess abschließen. Diese Schleife läuft oft blitzschnell und weitgehend unbewusst ab. Umso spannender ist es, sie sichtbar zu machen.

Ein klassisches Beispiel für eine Strategie ist die Kaufentscheidung. Eine Person sieht ein Produkt (visueller Reiz), erinnert sich an eine positive Erfahrung oder stellt sich vor, wie es wäre, das Produkt zu besitzen (inneres Bild), hört vielleicht einen inneren Dialog („Das ist genau das, was ich brauche"), spürt ein angenehmes Gefühl - und trifft daraufhin die Entscheidung. Diese innere Abfolge lässt sich rekonstruieren und beeinflussen: Wenn jemand zum Beispiel regelmäßig impulsiv kauft und das ändern möchte, kann man die Entscheidungskette analysieren und unterbrechen oder gezielt neue Elemente einbauen.

Ein weiteres Beispiel ist das Lernen. Jeder Mensch hat seine eigene Lernstrategie: Manche müssen etwas hören, andere sehen oder anfassen. Eine effektive Lernstrategie könnte aus einer Kombination bestehen: Zuerst ein visueller Überblick (Grafik), dann ein auditiver Reiz (Erklärung) und schließlich eine kinästhetische Übung (praktische Anwendung). Wer seine persönliche Lernstrategie kennt, kann Lerninhalte schneller, nachhaltiger und mit weniger Anstrengung verarbeiten.

Strategiearbeit beginnt mit dem sogenannten „Elizitieren" einer Strategie, also dem bewussten Herausarbeiten der einzelnen Schritte. Dazu stellt der Coach gezielte Fragen, beobachtet Augenbewegungen, Sprachmuster und Körpersprache. Oft beginnt die Analyse mit der Frage: „Was genau passiert in dir, wenn du diese Entscheidung triffst?" oder „Wie weißt du, dass es Zeit ist, zu handeln?" Je feiner die Schritte beschrieben werden, desto leichter lassen sich wirksame Interventionen setzen. Dabei ist es wichtig, zwischen Auslöser, Wahrnehmung, interner Verarbeitung und Reaktion zu unterscheiden. Jeder dieser Schritte kann Ausgangspunkt für Veränderung sein.

Im Coaching oder Training werden besonders häufig folgende Strategien bearbeitet:

- Motivationsstrategien: Wie bringe ich mich selbst in Bewegung?
- Entscheidungsstrategien: Wie erkenne ich, was das Richtige für mich ist?
- Lernstrategien: Wie verarbeite ich neue Informationen am besten?
- Kreativitätsstrategien: Wie entstehen neue Ideen in mir?
- Problemstrategien: Wie baue ich mir innerlich Hindernisse auf - und wie kann ich sie auflösen?

Die Arbeit mit sogenannten „Problemstrategien" ist besonders wertvoll. Menschen, die sich selbst blockieren, tun dies oft nicht aus Schwäche, sondern aufgrund gut eingespielter innerer Abläufe. Ein Beispiel: Eine Person möchte eine Aufgabe erledigen, doch sobald sie daran denkt, entsteht ein inneres Bild des Scheiterns, gefolgt von einem kritischen inneren Dialog und einem Gefühl der Anspannung. Das führt zum Aufschieben. Diese Strategie kann umgebaut werden, etwa indem das erste Bild verändert, der innere Dialog durch motivierende Sätze ersetzt und ein positives Gefühl vorweggenommen wird.

Ein wesentliches Ziel der Strategiearbeit ist es, dysfunktionale Strategien zu erkennen und durch funktionale zu ersetzen. Das geschieht nicht durch Belehrung, sondern durch Strukturveränderung. Wenn jemand zum Beispiel in der Motivation immer zuerst das unangenehme Gefühl der Pflicht spürt und dadurch blockiert wird, kann man durch Veränderung der Reihenfolge (zuerst Vorstellung des Ziels, dann Gefühl, dann Handlung) einen neuen motivierenden Ablauf erzeugen. Dabei kann auch mit Ankern, Submodalitäten oder Reframing gearbeitet werden, um die Wirkung der Strategie emotional zu verändern.

Strategien können auch von erfolgreichen Vorbildern modelliert werden. In NLP-Ausbildungen wird oft mit sogenannten „Modellingprojekten" gearbeitet, bei denen die inneren Strategien erfolgreicher Menschen rekonstruiert und für das eigene Lernen nutzbar gemacht werden. Das Ziel ist nicht Nachahmung, sondern strukturelles Lernen: Welche Abfolge innerer Prozesse führt bei dieser Person zu einem erfolgreichen Ergebnis - und wie kann ich diese Struktur auf meine eigenen Ziele übertragen? Dies fördert nicht nur Selbstwirksamkeit, sondern erweitert auch das Spektrum möglicher Handlungsweisen.

Ein besonderer Reiz der Strategiearbeit liegt in der Genauigkeit: Es geht nicht um vage Theorien, sondern um präzise beschreibbare Abläufe. Diese Präzision eröffnet neue Freiheitsgrade im Denken und Handeln. Wer versteht, wie er oder sie selbst funktioniert, kann auch bewusst Einfluss auf innere Prozesse nehmen und wird unabhängiger von äußeren Umständen. Gerade in einer Welt, die immer komplexer wird, ist die Fähigkeit, sich selbst innerlich zu organisieren, ein unschätzbarer Vorteil. Strategiearbeit kann auch spielerisch und kreativ gestaltet werden. Manche Klient:innen malen ihre Strategien auf, andere bauen sie mit Symbolen oder Figuren nach. Dadurch werden abstrakte Abläufe greifbar, und neue Varianten leichter vorstellbar. NLP lebt davon, dass Veränderung nicht schwer oder trocken sein muss, sondern auch mit Leichtigkeit, Neugier und Entdeckerfreude geschehen kann.

Praxisimpuls: Deine Entscheidungsstrategie entdecken

- Denke an eine Situation, in der du kürzlich eine gute Entscheidung getroffen hast. Gehe innerlich Schritt für Schritt durch diesen Prozess.
- Was war der erste Impuls? Hattest du ein inneres Bild, einen Gedanken, ein Gefühl, einen Klang?
- Was geschah als Nächstes? Welche Schritte führten zur Entscheidung? Welche Reihenfolge kannst du erkennen?
- Gibt es dabei einen Punkt, an dem du besonders klar oder sicher warst? Woran hast du das gemerkt?
- Überlege: Wie könntest du diese Strategie gezielt wiederholen oder in anderen Situationen anwenden?
- Falls du eine Entscheidung in der Vergangenheit bereust: Versuche auch hier, die Strategie zu rekonstruieren. Wo könnte eine Veränderung im Ablauf künftig hilfreich sein?

Deine inneren Strategien sind wie persönliche Bedienungsanleitungen. Je besser du sie kennst, desto bewusster kannst du steuern, wie du denkst, entscheidest und handelst, im Einklang mit dem, was dir wirklich wichtig ist.

Kreatives Denken mit System

Die Walt-Disney-Strategie ist eine besonders anschauliche und kreative Methode im NLP, die dabei hilft, Ideen zu entwickeln, Visionen zu konkretisieren und aus inneren Widersprüchen klare Handlungspläne zu formen. Sie ist besonders dort hilfreich, wo kreative Prozesse ins Stocken geraten, wo Menschen sich zwischen Begeisterung und Zweifeln hin- und hergerissen fühlen oder Schwierigkeiten haben, aus einer Idee einen konkreten Plan zu entwickeln.

Kreatives Denken benötigt Raum, doch ebenso braucht es Struktur, um wirklich in die Umsetzung zu kommen. Genau hier setzt die Walt-Disney-Strategie an: Sie ermöglicht es, verschiedene innere Haltungen bewusst voneinander zu trennen und nacheinander zu aktivieren. Anstatt sich in einem inneren Durcheinander aus Träumen, Realismus und Kritik zu verlieren, strukturiert sie den Denkprozess und macht ihn dadurch kraftvoll, effektiv und gleichzeitig inspirierend.

Benannt ist diese Strategie nach dem legendären Filmproduzenten Walt Disney, von dem es heißt, er habe seine Projekte immer aus drei verschiedenen Perspektiven betrachtet: der des Träumers, der des Realisten und der des Kritikers. Diese drei inneren Haltungen bilden zusammen ein vollständiges kreatives System - eines, das sowohl Vision als auch Umsetzungsstärke und Reflexion vereint. Im NLP wurde dieses Vorgehen modelliert und zu einem bewährten Instrument für kreative Planung und lösungsorientierte Entwicklung gemacht.

Im NLP wurde dieses Vorgehen modelliert und als strukturierter Denkprozess nutzbar gemacht. Es wurde erkannt, dass kreatives Denken nicht willkürlich geschieht, sondern bestimmten inneren Dynamiken folgt, die sich nachvollziehen und bewusst gestalten lassen. Die Walt-Disney-Strategie greift diesen Gedanken auf und übersetzt ihn in ein praktisches Modell, das Menschen dabei unterstützt, sowohl ihre kreativen als auch ihre umsetzungsorientierten Anteile wirksam zu aktivieren.

Die Grundidee dabei ist simpel und doch tiefgreifend: Jede der drei Perspektiven, Träumer, Realist und

Kritiker, verfügt über eine eigene Qualität, eine charakteristische Sprache, typische Fragen und ein spezifisches Ziel. Der Träumer bringt Visionen hervor, der Realist strukturiert sie, und der Kritiker sichert die Qualität. Nur wenn alle drei Denkmodi Raum bekommen und klar voneinander abgegrenzt sind, kann ein Vorhaben in seiner ganzen Tiefe und Tragfähigkeit entstehen.

Probleme entstehen häufig genau dann, wenn diese Denkweisen vermischt werden. Wenn der Kritiker zu früh auftritt, wird die Idee erstickt, bevor sie wachsen kann. Wenn der Träumer dominiert, fehlt die Realisierbarkeit. Und wenn der Realist zu stark strukturiert, kann das kreative Potenzial verloren gehen. Die Walt-Disney-Strategie schafft deshalb eine bewusste Trennung der Denkmodi und fördert durch diesen Wechsel zwischen klar definierten Perspektiven nicht nur mehr Klarheit und Kreativität, sondern auch die Umsetzbarkeit und Nachhaltigkeit von Ideen.

Die drei Rollen im Überblick:

1. Der Träumer: In dieser Rolle ist alles möglich. Es geht um Visionen, um neue Ideen, um große Bilder und kühne Vorstellungen, die über das bisher Gedachte hinausgehen. Der Träumer denkt frei, mutig und ohne Einschränkungen. Es ist ein innerer Zustand, in dem alles erlaubt ist, selbst das Unwahrscheinliche oder scheinbar Unerreichbare. In dieser Phase geht es darum, kreative Energie fließen zu lassen und zuzulassen, dass Wünsche und Sehnsüchte sich zeigen dürfen. Zweifel und Realität

haben in diesem Modus keinen Platz, sie würden die Freiheit des Denkens nur einengen.

Typische Fragen in dieser Phase lauten: „Was wünsche ich mir wirklich?", „Wie würde es aussehen, wenn alles möglich wäre?", „Was wäre mein idealer Zustand?", „Was würde mich zutiefst begeistern, wenn ich keine Grenzen kennen würde?" Der Träumer lebt in Möglichkeiten, nicht in Problemen. Die Sprache ist bildhaft, emotional, weit, manchmal poetisch oder metaphorisch. Sie spiegelt nicht das Machbare, sondern das Wünschenswerte. Im Raum des Träumers darf gesponnen, fantasiert, geträumt und gestaltet werden, ohne Rücksicht auf Vernunft oder Logik. Dieser Teil des Prozesses ist essenziell, weil er das kreative Feuer entfacht, das für jede echte Veränderung notwendig ist.

2. Der Realist: Jetzt geht es darum, aus der Vision ein konkretes Vorhaben zu machen. Der Realist ist der innere Anteil, der Ordnung ins Chaos bringt, der Fantasie in machbare Schritte übersetzt und aus einem schönen Traum ein realistisches Projekt formt. In dieser Rolle geht es nicht mehr darum, alles möglich zu machen, sondern darum, das Mögliche sinnvoll zu strukturieren. Der Realist prüft, welche Teile der Vision umsetzbar sind, was es dafür braucht und in welcher Reihenfolge die Dinge sinnvoll anzugehen sind.

Er plant, strukturiert, organisiert. Er denkt in Terminen, Budgets, Ressourcen und Verantwortlichkeiten. Seine Welt ist die des Machbaren. Typische Fragen in dieser Phase sind: „Was ist der erste konkrete Schritt?",

„Welche Ressourcen stehen mir zur Verfügung?", „Wer könnte mich unterstützen oder beraten?", „Wie viel Zeit brauche ich?", „Welche Etappen gibt es auf dem Weg zum Ziel?" Die Sprache des Realisten ist praktisch, lösungsfokussiert, zielorientiert. Sie vermeidet unnötige Ausschmückungen und fokussiert auf Klarheit, Struktur und Machbarkeit.

Der Realist nimmt die Vision des Träumers ernst - aber er prüft sie auf Umsetzbarkeit. Er bewertet nicht, sondern übersetzt. Dabei wahrt er stets die Verbindung zur ursprünglichen Idee, sorgt aber dafür, dass diese eine Form findet, die realistisch geplant und tatsächlich in Handlung überführt werden kann. Ohne den Realisten würden viele gute Ideen nie ihren Weg in die Realität finden.

3. Der Kritiker: In dieser Rolle geht es nicht darum, Ideen zu zerstören oder sie kleinzureden, sondern sie auf Schwachstellen, Risiken und potenzielle Fehlerquellen hin zu überprüfen. Der Kritiker ist der innere Qualitätsprüfer, der dafür sorgt, dass aus einer schönen Idee und einem soliden Plan auch ein tragfähiges und nachhaltiges Ergebnis wird. Er schaut genau hin, denkt vorausschauend, entdeckt Unklarheiten und formuliert Einwände. Nicht, um zu blockieren, sondern um zu schützen und zu verbessern.

Der Kritiker hinterfragt, testet, denkt in Risiken, überprüft die Umsetzbarkeit und sorgt dafür, dass mögliche Stolpersteine im Vorfeld erkannt werden. Seine Fragen lauten: „Wo gibt es Schwächen im Konzept?", „Welche

Annahmen sind vielleicht zu optimistisch?", „Welche Ressourcen könnten knapp werden?", „Welche Szenarien müssen abgesichert werden?", „Was ist der schlimmste Fall - und wie kann ich mich darauf vorbereiten?"

Die Sprache des Kritikers ist nüchtern, analytisch, strukturiert und präzise. Sie ist frei von Euphorie, doch nicht destruktiv. Im Gegenteil: Ein gut eingesetzter innerer Kritiker ist ein wertvoller Verbündeter, weil er dazu beiträgt, unnötige Fehler zu vermeiden und das Vertrauen in die Tragfähigkeit des Vorhabens zu stärken.

Wichtig ist, dass der Kritiker erst dann auftritt, wenn Träumer und Realist bereits gearbeitet haben. Wenn er zu früh eingeschaltet wird, kann er jede kreative Bewegung im Keim ersticken. Wird er jedoch bewusst eingeladen und als notwendiger Teil des Prozesses verstanden, entfaltet er seine volle Stärke: die Fähigkeit, ein Vorhaben stabil, durchdacht und belastbar zu machen.

In der praktischen Anwendung wechseln Klient:innen oder Teams bewusst zwischen diesen Denkstilen - oft sogar räumlich getrennt: Der Träumer hat einen eigenen Platz im Raum, ebenso wie der Realist und der Kritiker. Diese räumliche Verankerung hilft, sich ganz auf den jeweiligen Modus einzulassen und fördert die innere Differenzierung.

Die Walt-Disney-Strategie eignet sich hervorragend für kreative Prozesse, Projektentwicklungen, Entscheidungsfindungen, Zielarbeit und Konfliktklärung. Sie hilft besonders dann, wenn jemand sich „im Kreis dreht", blockiert ist oder sich zwischen Euphorie und Zweifel verliert. Durch die klare Struktur und den Wechsel der inneren Perspektiven entsteht ein Prozess, der sowohl visionär als auch bodenständig, sowohl kreativ als auch verantwortungsbewusst ist.

Ein Beispiel aus dem Coaching: Eine Klientin möchte sich selbstständig machen, weiß aber nicht, wie sie starten soll. Im Träumer-Modus beschreibt sie ihre Vision: ein eigenes Café, mit liebevoller Einrichtung, selbst gebackenen Kuchen und einer inspirierenden Atmosphäre. Im Realisten-Modus überlegt sie, welche Schritte nötig sind: Standortsuche, Businessplan, Finanzierung, Netzwerk. Im Kritiker-Modus prüft sie Risiken: Was passiert bei Krankheit? Wie stabil ist das Geschäftsmodell? Gibt es ausreichend Kundschaft? Am Ende steht ein klarer Plan, getragen von Vision, konkretisiert durch realistische Schritte und abgesichert durch kritisches Denken.

Praxisimpuls: Drei Räume, ein Ziel

- Wähle ein Thema oder Projekt, das dir wichtig ist - etwas, das du gestalten oder verwirklichen möchtest.
- Richte dir drei Orte ein (im Raum oder symbolisch): Träumer, Realist, Kritiker.
- Beginne im Raum des Träumers. Lass deiner Fantasie freien Lauf. Formuliere dein Ziel ohne Einschränkungen.
- Wechsle dann in den Raum des Realisten. Frage dich: Was brauche ich, um das umzusetzen? Welche Ressourcen, Zeit, Menschen, Werkzeuge?
- Gehe anschließend in den Raum des Kritikers. Betrachte dein Vorhaben mit wachsamen Augen. Wo sind Schwächen, Risiken, blinde Flecken?
- Kehre zum Realisten zurück und integriere die Einsichten des Kritikers. Passe deinen Plan an.
- Kehre zum Träumer zurück und spüre: Ist der Zauber der Vision noch da? Wenn ja: los geht's!

Die Walt-Disney-Strategie erinnert uns daran, dass kreative Prozesse Struktur brauchen, und dass jedes Vorhaben dann am stärksten ist, wenn es aus Fantasie geboren, realistisch geplant und klug hinterfragt wurde.

Mit Leichtigkeit denken, mit Klarheit handeln

Die Delfin-Strategie ist mehr als nur ein Modell. Sie ist ein Denkansatz, eine innere Haltung, eine Einladung, flexibel, spielerisch und zugleich zielgerichtet auf Herausforderungen zu reagieren. Ursprünglich von Dudley Lynch und Paul Kordis als Metapher zur Persönlichkeitsentwicklung und zum Veränderungsmanagement eingeführt, hat sich die Delfin-Strategie in vielen Feldern etabliert: in der Führung, in der Teamarbeit, im Coaching und nicht zuletzt im NLP.

Zwar sind die Eigenschaften, die dem Delfin in dieser Strategie zugeschrieben werden, nicht im verhaltensbiologischen Sinne bewiesen, doch sie tragen symbolisch wichtige Qualitäten in sich: soziale Intelligenz, Anpassungsfähigkeit, Kreativität, Mut zur Veränderung, Klarheit und Verbindung. In der Sprache des NLP wird der Delfin zu einem inneren Repräsentanten einer flexiblen, ressourcenorientierten Denkweise, die sich nicht durch starre Muster oder lineares Schwarz-Weiß-Denken begrenzen lässt.

Im Zentrum der Delfin-Strategie steht die Idee, dass Veränderung nicht durch starre Kontrolle oder resigniertes Erdulden geschieht, sondern durch bewusste Wahlmöglichkeiten, spielerische Offenheit und die Bereitschaft, alte Strategien loszulassen, wenn sie nicht mehr wirksam sind. Der Delfin fragt nicht, was falsch läuft, sondern: „Was könnte auch noch gehen?", und genau das macht ihn so kraftvoll.

Ein Grundprinzip der Delfin-Strategie lautet: Wenn das, was du tust, nicht funktioniert, dann tue etwas anderes. Diese einfache, aber tiefgreifende Erkenntnis ist zentral im NLP, und sie findet im Delfin-Bild eine besonders anschauliche Entsprechung. Während andere Typen (wie der Hai oder der Karpfen) dazu neigen, entweder zu kämpfen oder sich zurückzuziehen, bleibt der Delfin in Bewegung. Er spielt mit den Wellen, erkundet neue Richtungen, testet elegant, was tragfähig ist, ohne sich dabei in zermürbender Ernsthaftigkeit zu verlieren.

Die Metapher vom Delfin steht für geistige Beweglichkeit, emotionale Reife und systemische Intelligenz. Menschen, die in diesem Modus denken, sind in der Lage, sich schnell an neue Gegebenheiten anzupassen, ohne ihre Integrität zu verlieren. Sie erkennen, wann ein Ziel losgelassen werden muss, um ein größeres Ziel zu erreichen. Sie wissen, dass Kontrolle oft eine Illusion ist - und dass wahre Handlungsfähigkeit aus innerer Klarheit und bewusster Entscheidung entsteht.

In der Arbeit mit Teams oder Organisationen zeigt sich die Kraft der Delfin-Strategie besonders deutlich. Dort, wo starre Hierarchien und Machtspiele dominieren, bringen Delfin-Strukturen Leichtigkeit, Transparenz und eine neue Art des Miteinanders. Führung wird zur Einladung statt zur Anweisung, Entscheidungen entstehen durch Ko-Kreation statt durch Zwang, und Erfolg wird an Wirksamkeit und Nutzen für alle Beteiligten gemessen - nicht an Dominanz.

Das Denken in Tiermetaphern erlaubt einen spielerischen Zugang zur Persönlichkeitsentwicklung. So gibt es neben dem Delfin zwei weitere zentrale Figuren: den Karpfen und den Hai. Beide stehen für weit verbreitete, aber in vielen Kontexten hinderliche Verhaltensmuster. Der Karpfen steht für Passivität, Rückzug, Opferdenken. Der Hai für Aggression, Dominanz und ein Konkurrenzdenken, das nur zwischen Gewinnen und Verlieren unterscheidet. Der Delfin hingegen kombiniert das Beste aus beiden Welten: Er kann sich durchsetzen, wenn es nötig ist, bleibt dabei aber fair, verbunden und lösungsorientiert.

Diese drei inneren Haltungen, Hai, Karpfen und Delfin, sind nicht starr, sondern in uns allen angelegt. Die Frage ist nicht, welcher Typ man „wirklich" ist, sondern: Welche Haltung aktiviere ich in welcher Situation? NLP bietet hier zahlreiche Möglichkeiten, den Zugang zu inneren Ressourcen zu stärken, Denk- und Handlungsmuster bewusst zu wählen und die eigene Reaktionsfreiheit zu erweitern.

Ein Mensch im Hai-Modus denkt: „Ich muss gewinnen, koste es, was es wolle." Er versucht, die Kontrolle zu behalten, verliert dabei aber oft den Kontakt zu seinen tieferen Bedürfnissen, zu seiner Intuition und zur Welt um ihn herum. Der Karpfen sagt: „Ich kann sowieso nichts tun, ich warte einfach ab und hoffe, dass es gut geht." Beide Haltungen führen selten zu nachhaltigem Erfolg - der eine überfordert sich selbst und andere, der andere bleibt unter seinen Möglichkeiten.

Der Delfin hingegen fragt: „Wie kann ich das Spiel verändern, sodass alle gewinnen können?" Er nutzt seine soziale Intelligenz, seine Intuition, seine Flexibilität. Er denkt systemisch, also über die unmittelbare Situation hinaus. Er erkennt die Wechselwirkungen zwischen Denken, Fühlen und Handeln und bringt diese Ebenen in eine bewusste Balance. Das macht ihn zu einer besonders kraftvollen inneren Figur in Coaching, Führung und Veränderungsprozessen.

In der praktischen Arbeit mit der Delfin-Strategie kann man innere Dialoge zwischen den drei Tiermetaphern inszenieren: „Was würde dein innerer Delfin in dieser Situation sagen?", „Wie klingt dein innerer Hai?", „Was sagt der Karpfen in dir, wenn du an Veränderung denkst?" Durch diese innere Differenzierung entstehen neue Perspektiven. Der Mensch erkennt, dass er nicht Opfer seiner Muster ist, sondern Mitgestalter seiner Entscheidungen.

Die Delfin-Strategie ist nicht naiv oder idealistisch. Sie fordert Klarheit, bewusste Selbstführung und einen wohlwollenden Blick auf sich selbst und andere. Dabei ist sie zutiefst pragmatisch: Wenn etwas nicht funktioniert, wird es verändert, nicht mit Gewalt, sondern mit Neugier. Nicht mit starrem Plan, sondern mit innerer Beweglichkeit. Nicht mit Vermeidung, sondern mit liebevoller Konfrontation und Klärung.

Im NLP wird diese Haltung durch verschiedene Interventionen gestützt: durch Reframing, durch das Arbeiten mit Glaubenssätzen, durch Timeline-Methoden, durch Meta-Programme, durch die gezielte Nutzung von Sprachmustern und durch Ressourcenaktivierung. Der Delfin ist in gewisser Weise das Symbol für den integrativen, flexiblen und zugleich wirksamen Umgang mit Veränderung.

Wer delfinisch denkt, lässt sich nicht in Probleme verstricken, sondern sucht nach Hebeln, die Bewegung ins System bringen. Er bleibt neugierig, auch wenn die Situation schwierig ist. Er begegnet Konflikten mit Klarheit und Mitgefühl. Und er weiß: Der Weg zur Lösung beginnt oft nicht mit Kontrolle, sondern mit einem Perspektivwechsel.

Gerade in der Führungskultur vieler Unternehmen gewinnt die Delfin-Strategie zunehmend an Bedeutung. Die Zeit der autoritären Führungshaie, die auf Druck, Kontrolle und Konkurrenz setzen, ist vorbei. Ebenso wenig sind Unternehmen mit einer Kultur des kollektiven Karpfentums zukunftsfähig, in der Verantwortung abgeschoben und Initiative vermieden wird. Zukunftsfähige Organisationen brauchen Menschen, die wie Delfine denken und handeln, unabhängig davon, ob sie führen oder folgen.

Delfinisches Denken ist nicht an Positionen gebunden. Es zeigt sich in der Haltung, mit der jemand Herausforderungen begegnet, in der Art, wie jemand zuhört, Verantwortung übernimmt, Entscheidungen trifft oder mit Fehlern umgeht. Ein Team, das delfinisch denkt, wird kreativer, resilienter und kooperativer sein als eines, das sich in Schuldzuweisungen oder Machtkämpfen verliert.

Auch im Bildungsbereich, in der Politik oder in sozialen Bewegungen kann die Delfin-Strategie kraftvolle Impulse setzen. Immer dann, wenn neue Ideen gebraucht werden, wenn Menschen sich in komplexen Systemen bewegen oder wenn es darum geht, unterschiedliche Interessen zu integrieren, ist delfinisches Denken gefragt. Denn es vereint klare Zielorientierung mit empathischer Offenheit und einem systemischen Blick.

Die Delfin-Strategie erinnert uns letztlich daran, dass es immer Alternativen gibt. Dass wir mehr Handlungsspielraum haben, als wir oft glauben. Dass Veränderung nicht zwingend mühsam, sondern auch elegant, spielerisch und inspirierend sein kann.

Praxisimpuls: Delfindenken im Alltag verankern

- Denke an eine aktuelle Herausforderung, bei der du dich blockiert, wütend oder entmutigt fühlst. Frage dich: Welche Tiermetapher beschreibt mein aktuelles Denken - bin ich gerade eher Hai, Karpfen oder Delfin?
- Nimm bewusst die Delfin-Perspektive ein. Stelle dir einen inneren Raum vor, in dem dein Delfin lebt: neugierig, klug, wach, verspielt. Wie würde er auf diese Situation schauen?
- Formuliere mindestens drei neue Handlungsmöglichkeiten, die du aus der Delfin-Perspektive sehen kannst. Achte dabei auf Lösungen, die auch für andere Beteiligte wertvoll sind.
- Beobachte in den nächsten Tagen, in welchen Momenten du automatisch in Hai- oder Karpfen-Denken verfällst. Unterbreche diese Muster spielerisch - und frage dich: „Wie würde mein innerer Delfin jetzt handeln?"
- Erstelle eine kleine Skizze oder Collage deines inneren Delfins - als Erinnerung daran, wie du denken und handeln willst, wenn es darauf ankommt.

Die Delfin-Strategie ist ein wirkungsvoller Weg, um mentale Starrheit durch innere Beweglichkeit zu ersetzen. Sie verbindet Klarheit mit Leichtigkeit, Intelligenz mit Intuition, Verantwortung mit Verbundenheit. Wer mit dieser Haltung durchs Leben geht, wird nicht nur erfolgreicher, sondern auch freier.

Die Kunst der Perspektivwahl im NLP

Im Neurolinguistischen Programmieren (NLP) ist die bewusste Wahl der inneren Perspektive ein zentrales Element jeder Veränderungsarbeit. Zwei Schlüsselbegriffe prägen dabei das Verständnis davon, wie Menschen ihre Erlebnisse innerlich organisieren: Assoziation und Dissoziation. Sie beschreiben zwei grundlegende Arten, eine Erfahrung wahrzunehmen und zu erinnern, mit unmittelbaren Auswirkungen auf Denken, Fühlen und Handeln.

Assoziation bedeutet, eine Erfahrung so zu erleben, als wäre man mittendrin. Man sieht durch die eigenen Augen, hört durch die eigenen Ohren, fühlt im eigenen Körper. In der assoziierten Position ist das emotionale Erleben besonders intensiv. Freude, Schmerz, Begeisterung oder Angst werden unmittelbar durchlebt. In diesem Zustand ist man ganz „in" der Situation, sei es im gegenwärtigen Moment oder in einer Erinnerung. Es fühlt sich an, als sei das Geschehen gerade jetzt real. Die inneren Bilder sind farbig, groß und lebendig, die Geräusche klar und präsent, die Gefühle oft unmittelbar spürbar.

Dissoziation dagegen beschreibt das Erleben einer Situation aus einer beobachtenden Perspektive. Man sieht sich selbst wie von außen, hört sich selbst sprechen oder sieht sich in einer Szene wie auf einem inneren Bildschirm. Gefühle sind zwar präsent, aber weniger intensiv. In der dissoziierten Position ist man mehr analysierend, reflektierend, beobachtend unterwegs. Die emotionale Beteiligung ist gedämpft, die kognitive Kontrolle erhöht. Es entsteht eine Distanz, die es ermöglicht, sich einen Überblick zu verschaffen, Muster zu erkennen und neue Wahlmöglichkeiten zu entdecken.

Beide Zustände, assoziiert und dissoziiert, haben ihre Berechtigung und ihren Nutzen. NLP zielt nicht darauf ab, einen Zustand als besser oder richtiger zu bewerten, sondern vielmehr, die Fähigkeit zu fördern, flexibel zwischen beiden zu wechseln. Die Kunst besteht darin, im richtigen Moment den passenden inneren Standpunkt einzunehmen.

Assoziation ist besonders hilfreich, wenn es darum geht, Zugang zu Gefühlen, Motivation oder innerer Stimmigkeit zu gewinnen. Wer ein Ziel formulieren möchte, sollte sich in die assoziierte Position begeben: Wie fühlt es sich an, wenn ich mein Ziel bereits erreicht habe? Wie sehe ich mich, was höre ich, was erlebe ich dann? Durch die intensive emotionale Verknüpfung entsteht Sogkraft, Begeisterung und Klarheit über das, was einem wirklich wichtig ist. Auch bei der Arbeit mit Ressourcen ist die Assoziation hilfreich: Wenn Menschen Zugang zu positiven Erfahrungen suchen, unterstützt die volle Präsenz des Körpers dabei, die Energie und Stärke aus diesen Erinnerungen zu aktivieren.

Dissoziation hingegen bietet sich an, wenn es darum geht, Abstand zu schwierigen Emotionen zu gewinnen, eine Situation sachlich zu analysieren oder sich aus einer Belastung innerlich zu befreien. In der Arbeit mit belastenden Erinnerungen kann eine dissoziierte Betrachtung helfen, Klarheit zu schaffen und Ressourcen zu aktivieren, ohne von den Emotionen überwältigt zu werden. Auch in der Konfliktklärung ist Dissoziation ein wertvolles Mittel: Wer sich selbst von außen betrachtet, kann neue Perspektiven einnehmen, Rollen tauschen und ein differenzierteres Verständnis entwickeln.

Ein klassisches NLP-Format, das mit beiden Zuständen arbeitet, ist das sogenannte Change History Format. Dabei wird eine belastende Erinnerung zunächst dissoziiert betrachtet, um emotionale Distanz zu gewinnen. Anschließend wird Schritt für Schritt in die Assoziation übergegangen, sobald ausreichend Ressourcen aktiviert wurden, um die Erinnerung in neuer Weise zu erleben.

Dieses Wechselspiel zwischen Nähe und Distanz macht den Prozess sicher, wirkungsvoll und tiefgreifend. Es zeigt, dass Veränderung nicht durch Konfrontation mit rohem Schmerz entsteht, sondern durch bewusstes Erleben in einem sicheren Rahmen.

Auch in der Zielarbeit ist das bewusste Spiel mit Assoziation und Dissoziation zentral. Wer sich ein Ziel ausschließlich dissoziiert vorstellt, wie eine Szene auf einer Leinwand, kann zwar Klarheit über die Details entwickeln, spürt aber oft keine echte Begeisterung. Umgekehrt kann jemand, der ausschließlich assoziiert bleibt, von seinen Gefühlen überwältigt werden, ohne den Überblick zu behalten. Erst durch das Zusammenspiel beider Perspektiven entsteht eine innere Ausgewogenheit, die sowohl emotionale Bindung als auch kognitive Steuerung ermöglicht.

Die Fähigkeit, zu dissoziieren, ist auch bei der Selbstreflexion von Bedeutung. Menschen, die sich mit ihren eigenen Verhaltensmustern, Glaubenssätzen oder Entscheidungen beschäftigen, profitieren davon, sich selbst aus der Beobachterperspektive wahrzunehmen. Sie erkennen Zusammenhänge, hinterfragen Automatismen und gewinnen emotionale Distanz, um neue Entscheidungen zu treffen. Zugleich zeigt sich: Ohne die Fähigkeit zur Assoziation bleibt Reflexion abstrakt. Nur wer spürt, was eine Erkenntnis bedeutet, kann sie wirklich integrieren.

In der Kommunikation mit anderen kann das bewusste Nutzen dieser Unterscheidung ebenfalls eine große Hilfe sein. Wer sich zu stark assoziiert, reagiert möglicherweise impulsiv, emotional übersteigert oder verliert den Überblick. Wer hingegen zu stark dissoziiert ist, wirkt kühl, distanziert oder schwer erreichbar. Die Balance ist entscheidend: Wer empathisch mitfühlen kann, ohne sich zu verlieren, wer klar beobachten kann, ohne zu bewerten, wird sowohl in Beratung als auch in Führung und Beziehung überzeugender agieren.

Ein praktisches Beispiel: Eine Person erinnert sich an eine schwierige Situation im Job, etwa an eine kränkende Bemerkung des Chefs. In der assoziierten Position erlebt sie erneut den Ärger, die Scham, vielleicht sogar körperliche Anspannung. In der dissoziierten Position kann sie die Szene wie ein Film betrachten, die Dynamik analysieren, vielleicht sogar Mitgefühl für alle Beteiligten entwickeln, inklusive sich selbst. Aus der Distanz entsteht Verständnis, aus dem Verständnis neue Handlungskompetenz.

Andersherum: Jemand fühlt sich beim Gedanken an ein Zukunftsziel unsicher und blockiert. In der dissoziierten Position erscheint das Ziel fern und unpersönlich. Durch eine bewusste Assoziation, also das Hineinversetzen in den zukünftigen Erfolg, werden innere Bilder lebendiger, Emotionen steigen auf, Motivation wird spürbar. Die Bereitschaft zum Handeln wächst, weil das Ziel emotional verankert wird.

In der therapeutischen und beratenden Arbeit ist es hilfreich, mit Klient:innen zu erarbeiten, in welchen Situationen sie eher assoziiert oder dissoziiert reagieren, und ob diese Muster ihnen nützen oder sie behindern. Dabei geht es nie um richtig oder falsch, sondern um Passung und Wahlfreiheit. Eine gelungene Balance zwischen Assoziation und Dissoziation führt zu innerer Flexibilität, Selbststeuerung und einem bewussten Umgang mit Erleben.

Die Fähigkeit, zwischen Assoziation und Dissoziation bewusst zu wechseln, ist trainierbar. Visualisierungsübungen, Körperwahrnehmung, Sprache, innere Bilder, all das kann genutzt werden, um den eigenen Standpunkt zu verändern. Besonders hilfreich ist es, in konkreten Alltagssituationen zu experimentieren: Wie verändert sich mein Erleben, wenn ich bewusst von der ersten in die dritte Person wechsle? Was geschieht, wenn ich mich innerlich an einen anderen Ort bewege? Diese Experimente fördern nicht nur Selbsterkenntnis, sondern stärken auch die emotionale Selbstregulation.

Assoziation und Dissoziation sind letztlich Werkzeuge, um die eigene Wirklichkeit bewusster zu gestalten. Wer sich ihrer Wirkung bewusst ist, kann gezielt steuern, wann Nähe sinnvoll ist und wann Distanz hilfreich. Diese Kompetenz ist nicht nur im Coaching oder in therapeutischen Settings wertvoll, sondern auch im Alltag, in Gesprächen, in Stresssituationen, in der Zielverfolgung oder in Momenten innerer Orientierungslosigkeit.

Praxisimpuls: Assoziiere bewusst - dissoziiere klug

- Denke an ein Ziel, das du aktuell verfolgst. Versetze dich vollständig in die Situation hinein, als hättest du es bereits erreicht. Was siehst du? Was hörst du? Was fühlst du? Wie ist deine Körperhaltung, dein Atem, deine Stimmung?
- Jetzt betrachte dieselbe Szene von außen. Sieh dich selbst in dieser Situation. Welche Details fallen dir auf? Wie wirkt die Szene auf dich, wenn du nicht mittendrin bist?
- Wechsle bewusst hin und her. Wie verändert sich dein Erleben? Wann bist du näher an deiner Motivation? Wann bist du analytisch klarer?
- Überlege dir, in welchen Alltagssituationen dir mehr Assoziation guttun würde, und wo mehr Dissoziation hilfreich wäre. Entwickle eine kleine persönliche Erinnerungshilfe, um dich in emotionalen Momenten bewusst zu fragen: Möchte ich gerade mitten drin sein, oder lieber von außen betrachten?
- Führe ein kleines Tagebuch über Situationen, in denen du bewusst deine Perspektive verändert hast. Notiere, wie sich deine Gedanken, Gefühle und Handlungen dadurch verändert haben. Dieses bewusste Üben stärkt deine Fähigkeit zur Selbststeuerung.

Die Fähigkeit, zwischen Assoziation und Dissoziation zu wählen, schenkt dir mehr Selbstbestimmung, mehr Klarheit und mehr Tiefe im Umgang mit dir selbst und anderen. Sie ist ein Schlüssel zu emotionaler Intelligenz - und ein Werkzeug für die bewusste Gestaltung deiner inneren Welt.

Zeit bewusst erleben und gestalten

Zeit ist nicht nur ein objektives Maß, das sich in Stunden, Tagen oder Jahren messen lässt. Sie ist weit mehr als das, was die Uhr anzeigt oder der Kalender strukturiert. In unserer subjektiven Wahrnehmung ist Zeit ein inneres Erleben, eine emotionale und kognitive Erfahrung, die unsere Identität, unser Denken und unser Handeln maßgeblich beeinflusst. Im NLP wird Zeit deshalb nicht primär als lineares Phänomen verstanden, sondern als ein mentales Modell, das individuell gestaltet und verändert werden kann. Dieses Modell nennt sich Timeline. Das ist eine innere Zeitlinie, auf der Menschen ihre

Erinnerungen, Erlebnisse, Zukunftsvorstellungen und gegenwärtigen Entscheidungen anordnen.

Die Entwicklung des Timeline-Modells innerhalb des NLP geht auf mehrere Mitwirkende zurück, insbesondere auf Tad James, der das Konzept in den 1980er Jahren systematisiert und in seiner Arbeit weiterentwickelt hat. Aufbauend auf den Grundannahmen des NLP über Submodalitäten, Repräsentationssysteme und Anker, formulierte Tad James ein umfassendes Modell, das es ermöglicht, Zeit im psychologischen Sinne aktiv zu nutzen und zu gestalten. Die Idee dahinter: Unsere inneren Vorstellungen von Vergangenheit, Gegenwart und Zukunft sind nicht zufällig, sondern sie folgen bestimmten Mustern, die aufgedeckt, bewusst gemacht und bei Bedarf verändert werden können.

Die sogenannte Timeline, also die innere Zeitlinie, ist eines der kraftvollsten Werkzeuge im NLP, um mit Vergangenheit, Gegenwart und Zukunft zu arbeiten. Sie erlaubt es, persönliche Geschichte neu zu erzählen, emotionale Blockaden zu lösen, Zielbilder zu gestalten und Ressourcen entlang der Zeit zu verankern. Das Besondere dabei ist, dass diese Arbeit nicht abstrakt oder analytisch bleibt. Sie wird über das sinnliche Erleben zugänglich gemacht: über innere Bilder, Geräusche, Körpergefühle und Bewegungen im Raum. Wer mit der eigenen Timeline arbeitet, betritt buchstäblich ein neues mentales Terrain, und gewinnt dabei die Möglichkeit, die eigene Lebenszeit nicht nur rückblickend zu deuten, sondern vorausschauend zu gestalten.

Die Grundidee der Timeline besteht darin, dass jeder Mensch eine unbewusste Vorstellung davon hat, wie seine Zeit organisiert ist, nicht im Sinne von Terminplänen oder Kalendern, sondern auf einer inneren Ebene, im mentalen Raum. Diese Vorstellung wird häufig nicht bemerkt, und dennoch wirkt sie im Hintergrund mit: Sie beeinflusst, wie wir über unser Leben nachdenken, wie wir Erinnerungen abspeichern, wie wir Zukunftspläne formen und ob wir emotional mit bestimmten Zeiten verbunden oder von ihnen getrennt sind.

Manche Menschen erleben ihre Timeline als gerade Linie, andere als geschwungene Form, manche als von links nach rechts verlaufend, andere von hinten nach vorne oder in diagonaler Anordnung. Einige Personen sehen ihre Vergangenheit hinter sich, andere vor sich. Manche erleben ihr Jetzt als eine feste Position, während andere sich entlang der Linie bewegen. Wieder andere berichten von schwebenden oder spiralförmigen Zeitlinien, auf denen die Erinnerungen wie kleine Stationen oder Lichtpunkte angeordnet sind. Auch das Verhältnis von Nähe und Ferne, wie nah dir deine Vergangenheit oder Zukunft erscheint, spielt dabei eine große Rolle.

Entscheidend ist nicht die objektive Anordnung, sondern die individuelle Wahrnehmung: Wo befindet sich für dich dein Gestern? Wo ist dein Jetzt? Wo liegt deine Zukunft? Diese scheinbar einfachen Fragen führen oft zu tiefen Einsichten über die innere Ordnung des Lebens. Denn aus der Art, wie Menschen Zeit strukturieren, lassen sich Rückschlüsse ziehen auf ihr Selbstverständnis, ihre Fähigkeit zur Reflexion, ihre emotionale Präsenz und ihren Zugang zu Visionen. Eine bewusst wahrgenommene Timeline eröffnet somit neue Möglichkeiten, um vergangene Erfahrungen zu heilen, gegenwärtige Handlungen gezielt zu steuern und zukünftige Ziele wirksam zu gestalten.

Diese subjektive Struktur hat Auswirkungen darauf, wie wir denken, fühlen und handeln. Wer seine Vergangenheit innerlich ständig vor sich sieht, läuft Gefahr, sich schwer zu lösen. Wer seine Zukunft kaum wahrnimmt oder sie diffus „irgendwo da draußen" verortet, hat möglicherweise Schwierigkeiten, klare Ziele zu entwickeln oder sich motiviert auf Neues zuzubewegen. Manche Menschen haben ihre Vergangenheit im Rücken, andere direkt vor sich. Manche erleben die Zeit als Spiralbewegung, andere als segmentierte Punkte. Die innere Zeitstruktur ist wie ein mentales Betriebssystem, und solange es unbewusst bleibt, bestimmt es unsere Entscheidungen, ohne dass wir es bemerken.

Die Arbeit mit der Timeline ermöglicht es, bewusster mit diesen Zeitrepräsentationen umzugehen. Sie macht es möglich, vergangene Erlebnisse neu zu bewerten, Ressourcen aus der Vergangenheit zu aktivieren, blockierende Erfahrungen zu transformieren und künftige Ziele kraftvoll zu verankern. Zeit wird nicht mehr als starres Korsett erlebt, sondern als gestaltbarer Raum. Und genau diese Erkenntnis verändert das Erleben von Gegenwart: Wenn ich weiß, dass ich meine Zeitwahrnehmung verändern kann, gewinne ich Spielräume in meinem Denken, Fühlen und Handeln.

Im NLP gibt es unterschiedliche Arten, mit der Timeline zu arbeiten. Häufig wird die sogenannte „assoziierte" und „dissoziierte" Form unterschieden. In der assoziierten Form durchläuft die Person die Timeline und erlebt die Ereignisse aus der Ich-Perspektive. In der dissoziierten Form betrachtet sie sich selbst wie von außen auf ihrer Zeitlinie stehend, etwa wie eine Figur, die sich auf einem Weg befindet. Diese Unterscheidung erlaubt es, mit Nähe und Distanz zu spielen, intensive Gefühle zuzulassen oder sie bei Bedarf in den Hintergrund zu rücken.

Ein klassisches Format der Timeline-Arbeit ist die sogenannte „Reimprinting-Technik". Dabei geht es darum, belastende oder begrenzende Erinnerungen zu identifizieren, sie auf der Timeline zu lokalisieren, die damalige Situation mit heutigen Ressourcen neu zu erleben und die Geschichte in einer Weise umzuschreiben, die heilsam ist. Ziel ist es nicht, die Vergangenheit zu verdrängen, sondern sie so zu integrieren, dass sie nicht mehr einschränkt, sondern stärkt. Die Person reist innerlich zu einem früheren Zeitpunkt, begleitet von ihren heutigen Fähigkeiten und Sichtweisen, und verändert dort das Erleben so, dass sich die Bedeutung des Erlebnisses wandelt.

Ebenso wirkungsvoll ist die sogenannte Zukunfts-Timeline. Hier begeben sich Klient:innen gedanklich in eine gewünschte Zukunft, erleben ein Ziel so, als wäre es bereits erreicht, verankern die zugehörigen Ressourcen - und gehen dann auf der Timeline zurück in die Gegenwart, um die nötigen Schritte dorthin zu erkennen. Diese Form der Arbeit fördert nicht nur Motivation, sondern auch Klarheit über das Wie und Wann konkreter

Handlungen. Die Zukunft wird nicht länger als abstrakte Vorstellung erlebt, sondern als greifbarer, emotional aufgeladener Zustand, der Energie freisetzt und innere Orientierung gibt.

Eine zentrale Frage der Timeline-Arbeit lautet: Wie organisiert eine Person ihre Zeit innerlich? NLP geht davon aus, dass es keine „richtige" Zeitlinie gibt, sondern nur hilfreiche und hinderliche. Wenn zum Beispiel jemand seine Vergangenheit ständig in den Vordergrund stellt und die Zukunft kaum sehen kann, kann dies mit Gefühlen von Stagnation oder Depression einhergehen. Umgekehrt können Menschen, die ausschließlich in der Zukunft leben und die Vergangenheit abspalten, Schwierigkeiten haben, aus Erfahrungen zu lernen oder emotional präsent zu sein. Die Arbeit an der Timeline fördert deshalb die Integration aller Zeitanteile, und schafft eine Art inneres Gleichgewicht, das emotionale Stabilität und Handlungskompetenz stärkt.

Ein weiterer Aspekt der Timeline-Arbeit ist die Möglichkeit, Zeit neu zu strukturieren. Wenn jemand zum Beispiel ein traumatisches Erlebnis als dauerhaft gegenwärtig empfindet, kann durch eine Veränderung der Repräsentation, etwa indem das Bild der Erinnerung kleiner gemacht oder weiter weg platziert wird - eine neue emotionale Entlastung entstehen. Ebenso kann es hilfreich sein, die Zukunft näher zu holen, damit Ziele konkreter und motivierender wirken. NLP nutzt hier bewusst visuelle, auditive und kinästhetische Submodalitäten, um das innere Zeiterleben gezielt zu beeinflussen.

Die Timeline eignet sich auch zur Arbeit mit Entscheidungen. Wenn jemand zwischen zwei Wegen schwankt, kann er sich auf seiner Zeitlinie vorstellen, wie sich beide Varianten in der Zukunft auswirken würden. Durch die innere Reise zu den beiden Entscheidungspfaden lassen sich nicht nur Fakten, sondern auch emotionale Reaktionen und körperliche Resonanzen erfahrbar machen. So entsteht ein inneres Feedback, das rationales Denken und intuitives Spüren miteinander verbindet.

In Teams und Organisationen kann die Timeline genutzt werden, um gemeinsame Visionen zu entwickeln oder zurückliegende Erfahrungen aufzuarbeiten. Ein Team, das sich gemeinsam auf eine imaginäre Zeitlinie stellt, erlebt seine Entwicklungsgeschichte anders, bewusster, verbundener, oft auch mit mehr Wertschätzung für das, was bereits geleistet wurde. Zukunftsvisionen, die gemeinsam auf einer Timeline verankert werden, wirken verbindender als abstrakte Zielvereinbarungen, weil sie emotionaler erlebt und bildhafter erinnert werden.

Praxisimpuls: Deine innere Zeit entdecken

- Schließe die Augen und stelle dir vor, wie deine persönliche Zeitlinie verläuft. Wo befindet sich deine Vergangenheit? Wo ist dein Jetzt? Wo liegt deine Zukunft?
- Spüre nach, ob die Linie gerade ist, gebogen, kreisförmig oder vielleicht sogar mehrdimensional. Nimm wahr, wie weit oder nah die einzelnen Zeiträume zueinander stehen.
- Reise auf deiner Timeline an einen positiven Moment in der Vergangenheit. Erlebe ihn noch einmal

bewusst - was war damals wichtig? Welche Ressourcen hattest du zur Verfügung?

- Nun bewege dich auf deiner Timeline in die Zukunft, zu einem Ziel, das dir wichtig ist. Stelle dir vor, du hättest es bereits erreicht. Wie fühlt sich das an? Was siehst, hörst, spürst du?

- Gehe von diesem zukünftigen Punkt rückwärts durch die Zeit zurück ins Heute. Welche Schritte haben dich zu deinem Ziel geführt? Was darfst du heute tun, um den ersten dieser Schritte zu setzen?

- Wiederhole diesen Prozess mit einer Herausforderung oder Entscheidung. Stell dir vor, du blickst aus der Zukunft zurück. Welche Lösung hast du gefunden? Welche Unterstützung hast du angenommen? Welcher innere Anteil war besonders hilfreich?

Die Arbeit mit der Timeline ist eine Einladung, Zeit nicht als etwas Äußeres zu betrachten, das über uns hinwegrollt, sondern als inneren Raum, den wir bewusst gestalten können. Sie verbindet Erinnerung mit Vision, Vergangenheit mit Zukunft, und hilft dabei, die Gegenwart kraftvoll und klar zu leben. Wer seine Timeline kennt, kann nicht nur besser verstehen, wie er funktioniert, sondern beginnt, seine persönliche Geschichte neu und selbstwirksam zu schreiben.

Kommunikation verstehen, Beziehung gestalten

Virginia Satir, eine der prägenden Persönlichkeiten der systemischen Familientherapie, hat mit ihrem tiefen Verständnis von Kommunikation, Beziehung und innerer Heilung die Arbeit im NLP wesentlich beeinflusst. Sie war eine der ersten Therapeutinnen, die systemische Dynamiken nicht nur intellektuell erklärte, sondern durch Körperhaltung, Sprachmuster und innere Haltung erlebbar machte. Ihre Arbeit war stark geprägt vom humanistischen Menschenbild, der Überzeugung, dass jeder Mensch über Ressourcen verfügt, die er zur Lösung von Problemen aktivieren kann, sofern er in einem stimmigen Kontakt mit sich selbst und anderen steht.

Eine ihrer bekanntesten Beiträge ist das Modell der fünf Kommunikationshaltungen, das auch als Satir-Kategorien bekannt ist. Dieses Modell beschreibt typische Verhaltensmuster, die Menschen in herausfordernden, konflikthaften oder emotional belastenden Situationen einnehmen, oft unbewusst und als Schutzstrategie. Die Satir-Kategorien gehen davon aus, dass Menschen, wenn sie unter Druck stehen oder sich verletzt fühlen, bestimmte Haltungen einnehmen, um sich zu schützen. Diese Haltungen drücken sich in Sprache, Tonfall, Mimik, Gestik und innerer Haltung aus, und beeinflussen maßgeblich die Qualität von Beziehungen.

Was Satirs Arbeit so besonders macht, ist der ganzheitliche Zugang: Sie verstand Kommunikation nicht nur als Austausch von Worten, sondern als komplexes Zusammenspiel aus emotionalem Erleben, körperlicher

206

Präsenz und inneren Überzeugungen. Genau diese Haltung wurde auch im NLP übernommen und integriert. NLP hat die Satir-Kategorien nicht nur als Analyseinstrument adaptiert, sondern auch in Veränderungsformate eingebaut. Satirs Arbeit war eine der Inspirationsquellen für viele NLP-Techniken, insbesondere in der Arbeit mit inneren Anteilen, in der Parts-Therapie, im Reframing und in der körperorientierten Veränderungsarbeit.

Die Satir-Kategorien geben uns ein feines Instrumentarium an die Hand, um Kommunikationsstörungen zu erkennen und einfühlsam zu transformieren. Sie laden dazu ein, mit Achtsamkeit auf sich selbst zu schauen, innere Automatismen zu hinterfragen und neue Ausdrucksformen zu entwickeln. Im Kontext von NLP dienen sie nicht nur der Selbstbeobachtung, sondern auch der Entwicklung von Kongruenz, jenem Zustand, in dem Denken, Fühlen, Sprechen und Handeln in Einklang stehen. In diesem Sinne sind die Satir-Kategorien kein starres Modell, sondern ein lebendiges Werkzeug zur Entwicklung von innerer Klarheit und beziehungsorientierter Kommunikation.

Die fünf Kategorien lauten: Beschwichtigen, Anklagen, Rationalisieren, Ablenken und Kongruenz. Jede dieser Haltungen ist eine Reaktion auf inneren Stress oder eine gefühlte Bedrohung. Sie wirken sich auf Sprache, Körperhaltung, Tonfall und Beziehungsgestaltung aus - und lassen sich im Rahmen des NLP nicht nur erkennen, sondern auch verändern. Wichtig ist dabei: Diese Kategorien sind keine festen Persönlichkeitsmerkmale, sondern situative Zustände. Das bedeutet, wir alle nutzen

sie - je nach Kontext, innerer Stabilität und Beziehungs-
erfahrung.

1. **Beschwichtigen - Ich bin nicht wichtig**
   Menschen in dieser Haltung versuchen, die Harmonie um jeden Preis aufrechtzuerhalten. Sie sagen schnell „Ja", entschuldigen sich oft, übernehmen zu viel Verantwortung, auch für Dinge, die sie
   nicht verursacht haben. Der Körper wirkt zurück-
   gezogen, die Stimme weich oder tonlos. Diese Haltung soll Konflikte vermeiden, führt aber oft zu
   Selbstverleugnung und innerer Spannung.

Beispiel: Eine Mitarbeiterin wird in einem Meeting für
ein Problem verantwortlich gemacht, das sie nicht verursacht hat. Sie sagt: „Es tut mir leid, ich hätte besser
aufpassen müssen", obwohl sie innerlich wütend ist. Ihr
Körper ist leicht nach vorne gebeugt, die Hände gefaltet,
der Blick geht nach unten. Innerlich fühlt sie sich klein,
will aber die Harmonie wahren und vermeidet offenen
Widerspruch.

2. **Anklagen - Du bist schuld**
   Hier richtet sich die Energie nach außen. Die Person wirkt laut, kontrollierend, manchmal aggres-
   siv. Der Ton ist fordernd, die Haltung angespannt.
   Diese Haltung entsteht oft aus einem inneren Gefühl der Ohnmacht oder Verletztheit und zielt darauf, durch Kontrolle Sicherheit zu gewinnen. Im
   Gespräch fehlt der Zugang zur eigenen Verletzlichkeit.

Beispiel: Ein Vater kommt nach Hause und sieht, dass die Küche nicht aufgeräumt ist. Er ruft: „Wie oft habe ich euch gesagt, dass ihr euren Kram wegräumen sollt?" Seine Stimme ist hart, die Gestik groß und betont, er steht mit durchgestrecktem Rücken in der Tür. In seinem Inneren ist vielleicht Enttäuschung oder das Gefühl, nicht respektiert zu werden, doch statt dies zu benennen, wird Schuld zugewiesen.

3. Rationalisieren - Wenn ich nur klug genug bin

Rationalisierende Menschen flüchten sich in Logik, Argumentation und sachliche Distanz. Sie vermeiden emotionale Auseinandersetzung, erklären viel, ohne sich zu zeigen. Der Körper ist ruhig, die Stimme monoton, der Blick distanziert. Diese Haltung vermittelt Kompetenz, kann aber als kalt oder unnahbar erlebt werden.

Beispiel: In einem Konfliktgespräch sagt ein Kollege: „Ich denke, wir sollten das Problem analytisch betrachten und die Fakten getrennt von den Emotionen besprechen." Er vermeidet Blickkontakt, seine Stimme bleibt gleichbleibend ruhig. Dabei wäre es gerade wichtig gewesen, das eigene Gefühl von Überforderung oder Unsicherheit zu benennen. Der andere Gesprächspartner fühlt sich nicht gesehen.

4. Ablenken - Ich bin nicht da

Ablenkende Menschen vermeiden Klarheit, springen im Thema, lachen unangemessen oder weichen mit absurden Bemerkungen aus. Die Energie ist diffus, der Körper bewegt sich unruhig, der Blick weicht aus. Diese Haltung schützt vor Schmerz, verhindert aber auch echten Kontakt.

Beispiel: In einem ernsten Gespräch über eine Trennung beginnt jemand plötzlich, über das Wetter zu sprechen, lacht verlegen und sagt: „Ach, ich bin heute irgendwie durch den Wind." Dabei ist der Schmerz spürbar - aber er wird überspielt. Der Gesprächspartner bleibt ratlos zurück, denn das eigentliche Thema wird umschifft.

5. **Kongruenz - Ich bin echt**
   Die kongruente Haltung beschreibt das Ziel aller persönlichen Entwicklung: eine Übereinstimmung von innerem Erleben und äußerem Ausdruck. Kongruente Menschen wirken klar, lebendig, authentisch. Sie sagen, was sie denken, fühlen, wollen, ohne andere anzugreifen oder sich zu verstecken. Die Stimme ist präsent, der Körper aufrecht, der Blick offen. In dieser Haltung entsteht echter Kontakt.

Beispiel: Eine Freundin sagt in ruhigem, aber klarem Ton: „Ich bin verletzt, weil du gestern nicht gekommen bist. Es ist mir wichtig, dass wir ehrlich miteinander sind." Sie steht aufrecht, schaut direkt und zugleich liebevoll. Ihr Ausdruck ist stimmig. Ihre Worte, Stimme und Körpersprache passen zusammen. Das schafft Nähe und öffnet die Tür für eine ehrliche Klärung.

Im NLP werden die Satir-Kategorien genutzt, um Kommunikationsmuster sichtbar zu machen, Klient:innen in ihrer Körpersprache und Ausdrucksweise zu beobachten und ihnen neue Wahlmöglichkeiten zu eröffnen. Eine

Intervention könnte darin bestehen, eine Person behutsam einzuladen, die eigene Haltung zu verändern - etwa vom Beschwichtigen zur Kongruenz - und dabei zu spüren, wie sich das eigene Erleben verändert. Die Veränderung beginnt oft im Körper: eine aufrechte Haltung, bewusster Atem, ein klarer Stand, all das beeinflusst auch die innere Haltung.

Auch in der Arbeit mit inneren Anteilen sind die Satir-Kategorien hilfreich: Ein innerer Anteil kann beschwichtigen, ein anderer anklagen, ein dritter rationalisieren. Durch die bewusste Arbeit mit diesen Anteilen kann ein innerer Dialog entstehen, der zu mehr Selbstakzeptanz und Klarheit führt. NLP nutzt dafür beispielsweise das Teilemodell oder die Technik des „inneren Teams". Klient:innen erkennen, welche Haltungen sie in sich tragen und lernen, diese in Balance zu bringen.

Praxisimpuls: Deine innere Haltung erforschen

- Denke an eine schwierige Gesprächssituation. Welche der Satir-Kategorien nimmst du bei dir wahr?
- Spüre in deinen Körper hinein: Wie ist deine Haltung, deine Stimme, dein Blick in dieser Situation?
- Was würdest du sagen oder tun, wenn du vollkommen kongruent wärst?
- Experimentiere im Alltag bewusst mit kleinen Veränderungen. Richte dich auf, atme tief, sprich in deinem natürlichen Tonfall.
- Beobachte, wie sich dein Erleben und die Reaktion deines Gegenübers verändern.

Die Satir-Kategorien sind kein starres Typenmodell, sondern ein dynamisches Werkzeug zur Selbsterkenntnis. Sie helfen, eigene Muster zu erkennen, empathischer mit anderen umzugehen und Beziehungen bewusster zu gestalten. Im Coaching, im Beruf und im Leben insgesamt. Sie laden dazu ein, sich selbst in der Tiefe zu begegnen und mit Offenheit, Achtsamkeit und Klarheit in Beziehung zu trete. Zu sich selbst und zu anderen.

NLP in verschiedenen Anwendungsfeldern

Überblick über praxisnahe Einsatzmöglichkeiten

Neurolinguistisches Programmieren (NLP) ist ein vielseitiges Modell für Kommunikation, Veränderung und Persönlichkeitsentwicklung. Die Methoden und Grundannahmen des NLP sind in zahlreichen Lebens- und Arbeitsbereichen wirksam anwendbar, sei es in beratenden, pädagogischen, vermittelnden oder verkaufsorientierten Kontexten. Im Folgenden werden fünf zentrale Anwendungsfelder vorgestellt, in denen NLP wirksam und bereichernd eingesetzt werden kann:

1. NLP im Beratungs- und Therapiekontext

Im Beratungs- und Therapiekontext bietet NLP eine Fülle an wirkungsvollen Methoden zur Begleitung von Menschen in Veränderungsprozessen. Durch gezielte Sprachmuster, Ankertechniken, Timeline-Arbeit, Submodalitäteninterventionen oder Reframings lassen sich emotionale Blockaden lösen, neue Handlungsspielräume schaffen und nachhaltige Entwicklungen anstoßen. Besonders wirksam ist NLP in der Arbeit mit inneren Anteilen, Glaubenssatzveränderungen und beim ressourcenorientierten Aufbau von Selbstwirksamkeit. Die systemische Perspektive und die respektvolle Haltung gegenüber der inneren Welt der Klient:innen machen NLP zu einem kraftvollen Werkzeug im Coaching ebenso wie in der Kurzzeittherapie.

2. NLP in Mediation und Konfliktschlichtung

NLP-Techniken wie Reframing, Perspektivenwechsel, Metamodell-Fragen und der bewusste Umgang mit sprachlicher Bedeutung sind besonders hilfreich in der Konfliktbearbeitung. Mediator:innen nutzen NLP, um die Positionen der Beteiligten zu klären, Bedürfnisse herauszuarbeiten und Lösungen zu ermöglichen, die für alle Beteiligten stimmig sind. Das Modell der Wahrnehmungspositionen (1., 2. und 3. Position) hilft dabei, Verständnis für die Sichtweisen anderer zu entwickeln und emotional deeskalierend zu wirken. Durch kongruente Sprache, Rapportaufbau und aktives Zuhören wird eine Atmosphäre geschaffen, in der Verständigung auch bei schwierigen Themen wieder möglich wird.

3. NLP in der Pädagogik

Lehrende, Trainer:innen und Pädagog:innen profitieren besonders vom NLP, wenn es um Beziehungsgestaltung, Motivation, Lernprozesse und den Umgang mit schwierigen Situationen geht. NLP sensibilisiert für unterschiedliche Wahrnehmungsstile (VAKOG) und hilft dabei, Inhalte so zu vermitteln, dass sie verschiedene Lerntypen erreichen. Ankertechniken können zur emotionalen Stärkung eingesetzt werden, die Arbeit mit Zielen unterstützt Schüler:innen und Teilnehmer:innen dabei, Verantwortung für ihren Lernprozess zu übernehmen. Besonders im Klassenzimmer oder Seminarraum ist die Fähigkeit, durch Sprache Einfluss auf die Atmosphäre zu nehmen, ein unschätzbarer Vorteil.

4. NLP in der Präsentation

Ob in Meetings, auf Bühnen oder in digitalen Formaten: Die Wirkung einer Präsentation hängt nicht nur vom Inhalt, sondern stark von der Art der Vermittlung ab. NLP unterstützt Präsentierende dabei, kongruent aufzutreten, ihre Körpersprache bewusst einzusetzen, Stimme und Tonfall zu variieren und Botschaften so zu gestalten, dass sie beim Publikum ankommen. Durch Storytelling, Sprachmuster und gezielten Einsatz von Metaphern entsteht Verbindung. Anker können helfen, Lampenfieber zu reduzieren. Die eigene innere Haltung vor dem Auftritt bewusst zu gestalten (z. B. mit Future Pacing oder inneren Bildern) erhöht die Präsenz und Ausstrahlung.

5. NLP im Verkauf

Im Verkauf geht es nicht nur um Produkte, sondern um Beziehungen, Vertrauen und den gezielten Aufbau von Resonanz. NLP bietet zahlreiche Techniken, um Bedürfnisse zu erkennen, Rapport herzustellen, sprachlich zu führen und Einwände als Chancen zu begreifen. Die bewusste Anwendung von Sprachmustern (wie z. B. Nutzenrahmen, positive Suggestionen oder das Milton-Modell) unterstützt dabei, Kund:innen nicht zu manipulieren, sondern zu begleiten. Gute Verkäufer:innenim NLP-Sinn hören aktiv zu, erkennen Muster in der Sprache ihres Gegenübers und passen ihre Kommunikation darauf ab - authentisch, empathisch und zielorientiert.

6. NLP in der Kommunikation allgemein

NLP ist im Kern ein Kommunikationsmodell. Es hilft dabei, bewusster mit Sprache umzugehen, präziser zuzuhören und hinter dem Gesagten auch das Gemeinte zu erfassen. In privaten wie beruflichen Gesprächen unterstützt NLP, Missverständnisse zu vermeiden, Bedürfnisse klar zu formulieren und emotionale Dynamiken frühzeitig zu erkennen. Die Kenntnis über Metamodell und Milton-Modell erweitert den kommunikativen Handlungsspielraum. NLP schärft zudem die Sensibilität für Körpersprache, Tonlage und sprachliche Muster. In der zwischenmenschlichen Kommunikation führt dies zu mehr Klarheit, Authentizität und Verbindung - und damit zu tragfähigeren Beziehungen.

Diese sechs Bereiche sind nur ein Ausschnitt der vielen Kontexte, in denen NLP sinnvoll eingesetzt werden kann.

In den folgenden Kapiteln werden wir diese Anwendungsfelder Schritt für Schritt vertiefen. Du wirst erfahren, wie NLP in Beratung und Therapie konkret genutzt wird, wie es Mediator:innen bei der Konfliktklärung unterstützt, welche Möglichkeiten es in der Pädagogik bietet, wie es Präsentationen lebendiger macht, im Verkauf für Authentizität und Wirkung sorgt und wie es generell die zwischenmenschliche Kommunikation bereichert. Jedes Kapitel lädt dich ein, tiefer einzutauchen - mit Beispielen, Reflexionen und konkreten Impulsen für deine eigene Praxis. Allen gemeinsam ist die Grundhaltung: Menschen dabei zu unterstützen, ihre Potenziale zu entfalten, innere Klarheit zu gewinnen und mit sich und anderen in stimmigen Kontakt zu treten.

NLP in Beratung und Therapie

Veränderung achtsam begleiten

Die Methoden und Haltungen des Neurolinguistischen Programmierens, kurz NLP, bereichern die beratende und therapeutische Arbeit auf vielfältige Weise. NLP ist nicht als Ersatz für fundierte therapeutische Schulen zu verstehen, sondern als wirkungsvolle Ergänzung, die insbesondere bei lösungsorientierten und ressourcenorientierten Ansätzen neue Perspektiven eröffnet. NLP hilft, Veränderung nicht nur zu denken, sondern erfahrbar zu machen, durch Sprache, innere Bilder, Körperwahrnehmung und gezielte Interventionen.

Im Zentrum des therapeutischen Handelns mit NLP steht die Annahme, dass jedes Verhalten, jede Reaktion und jedes Muster einem positiven Zweck dient, auch wenn dieser häufig unbewusst ist. Auch problematische oder leidvolle Strategien haben ihren Ursprung meist in dem Versuch, ein Bedürfnis zu erfüllen, Schutz herzustellen oder emotionale Sicherheit zu gewinnen. Diese Haltung ermöglicht es, mit tiefem Respekt auf das innere System der Klientinnen und Klienten zu schauen. Dabei wird nicht mit Pathologisierung, sondern mit Neugier, Empathie und Akzeptanz gearbeitet.

Ein zentrales Element im therapeutischen Kontext ist die wertschätzende Grundhaltung gegenüber dem inneren Erleben der Klientinnen und Klienten. NLP betont, dass jeder Mensch über die nötigen Ressourcen verfügt, um gewünschte Veränderungen zu erreichen, auch wenn der Zugang dazu zeitweise blockiert ist. Der Auftrag der beratenden oder therapeutischen Person besteht darin, diesen Zugang wieder zu ermöglichen. Hierzu dienen zahlreiche Techniken, die flexibel auf die jeweilige Situation angepasst werden können.

Ein Beispiel ist die Arbeit mit Submodalitäten. Wenn ein belastendes inneres Bild verändert wird, etwa durch Verkleinerung, Veränderung der Farbe oder Entfernung, kann sich das emotionale Erleben dazu unmittelbar wandeln. Klientinnen und Klienten berichten häufig, dass sich Druck, Angst oder Scham allein durch die Veränderung des inneren Films merklich reduzieren. Das subjektive Erleben wird steuerbar, und dadurch wächst das Gefühl von Kontrolle und Selbstwirksamkeit. Auch in der Arbeit mit positiven Ressourcen kann diese Technik nützlich sein, indem freudvolle oder kraftvolle Erinnerungen durch gezielte Verstärkung der Submodalitäten emotional stärker verankert werden.

Ein weiteres Beispiel ist die Technik des Future Pacing. Klientinnen und Klienten stellen sich eine bevorstehende Situation mit all ihren Sinnen vor, nun jedoch ausgerüstet mit neuen inneren Strategien, stärkenden Überzeugungen oder Ressourcen. Durch dieses mentale Probehandeln entsteht mehr Sicherheit und Handlungsfreiheit. Gerade in Übergangsphasen, bei Prüfungen, Bewerbungsgesprächen oder schwierigen Gesprächen kann dies stabilisierend und klärend wirken.

Auch die Timeline-Arbeit spielt in der therapeutischen Begleitung eine große Rolle. Sie ermöglicht, Ereignisse aus der Vergangenheit aus einer neuen Perspektive zu betrachten, Ressourcen aus früheren Lebensphasen zu aktivieren oder zukünftige Ziele emotional zu verankern. Die Arbeit mit der Zeitlinie hilft, das eigene Leben als gestaltbar zu erleben und sich nicht von der Vergangenheit festhalten zu lassen. Gerade bei Menschen mit dem Gefühl von Stillstand oder Orientierungslosigkeit kann die Timeline neue Ordnung und Richtung stiften. In Kombination mit der Arbeit an Lebensskripten oder biografischen Mustern wird die Timeline zu einem kraftvollen Werkzeug.

Besonders hilfreich ist NLP auch in der Arbeit mit Glaubenssätzen. Viele psychische Belastungen sind mit tief verankerten Überzeugungen über sich selbst oder die Welt verknüpft, etwa mit Gedanken wie „Ich bin nicht gut genug", „Ich darf keine Fehler machen" oder „Ich muss es allen recht machen". Durch Formate wie das Reframing, das Swish-Pattern oder das Arbeiten mit inneren Anteilen lassen sich solche Glaubenssätze hinterfragen und durch neue, stärkende Überzeugungen ersetzen. NLP nutzt dabei die Kraft der Imagination, um neue Denkweisen nicht nur kognitiv, sondern auch emotional zu verankern. Die Veränderung geschieht nicht durch intellektuelle Einsicht allein, sondern durch sinnlich erfahrbare Umstrukturierung.

Ein weiterer großer Vorteil des NLP in Beratung und Therapie liegt im gezielten Aufbau von Rapport, also einer vertrauensvollen, stimmigen Beziehung. Durch sprachliche Anpassung, körpersprachliche Synchronisation und bewusstes Zuhören entsteht ein Raum, in dem sich Klientinnen und Klienten gesehen und verstanden fühlen. NLP bietet hierfür nicht nur Techniken, sondern auch eine Haltung, nämlich die Überzeugung, dass Menschen in ihrem Verhalten stets sinnvolle Absichten verfolgen, auch wenn die Strategien nicht mehr hilfreich sind. Diese Haltung ermöglicht ein tiefes Verstehen ohne Urteil und öffnet die Tür für echte Beziehung.

Die Arbeit mit inneren Anteilen, die im NLP häufig über sogenannte Parts-Formate erfolgt, unterstützt die Integration widersprüchlicher Gefühle, Motive oder Bedürfnisse. Indem verschiedene Anteile einer Person, etwa ein ängstlicher, ein wütender oder ein kontrollierender Anteil, symbolisch angesprochen und in Beziehung zueinander gebracht werden, entsteht innerer Dialog statt innerer Spaltung. Diese Arbeit fördert Selbstakzeptanz und ermöglicht neue innere Bündnisse, aus denen heraus Veränderung möglich wird. Besonders hilfreich sind dabei Visualisierungen, Aufstellungen im Raum oder das Schreiben innerer Dialoge.

Die Veränderung innerer Bilder, Töne oder Körperempfindungen wirkt oft nachhaltiger als bloßes Reflektieren. NLP versteht den Menschen als ganzheitliches Wesen, bei dem Denken, Fühlen und Körper eine untrennbare Einheit bilden. Die Integration von Bewegung, Stimme, Gestik und Atmung in therapeutische Prozesse verstärkt deren Wirkung. So kann beispielsweise ein ressourcenvolles Körperbild, ein kraftvoller innerer Satz oder eine neue Haltung direkt verkörpert und geübt werden, nicht nur als Idee, sondern als gelebte Erfahrung.

NLP ist besonders in der Kurzzeitberatung effektiv, da viele Formate darauf ausgerichtet sind, in kurzer Zeit Ressourcen zu aktivieren und konkrete Veränderungsschritte zu initiieren. Gleichzeitig lässt es sich hervorragend in tiefere Prozesse integrieren, etwa in Kombination mit hypnotherapeutischen, körperorientierten oder systemischen Methoden. NLP ist dabei kein starres Modell, sondern eine Sammlung von Haltungen, Beobachtungsinstrumenten und Veränderungsformaten, die sich individuell anpassen lassen.

Ein achtsamer, NLP-informierter Beratungsprozess lebt von Präsenz, Authentizität und Struktur. Er nimmt sowohl die Geschichte als auch das Potenzial der Klientinnen und Klienten ernst. Er ermöglicht, neue Perspektiven zu gewinnen, das eigene Denken und Handeln zu hinterfragen und im Inneren wie im Außen neue Wahlmöglichkeiten zu entdecken. Dabei geht es nicht nur um Zielerreichung, sondern auch um das Würdigen des Weges, das Integrieren von Erfahrungen und die Entwicklung einer stärkenden inneren Stimme.

Praxisimpuls: NLP in deiner beratenden Haltung

- Denke an eine Situation, in der du eine Klientin oder einen Klienten begleitet hast. Welche inneren Haltungen haben dich geleitet?
- Wie bewusst hast du Rapport hergestellt, sprachlich, körpersprachlich, atmosphärisch?
- Gibt es eine NLP-Technik, die dir in dieser Situation geholfen hat oder geholfen hätte?
- Wenn du diese Situation noch einmal gestalten könntest, was würdest du verändern oder verstärken?
- Welche deiner eigenen Ressourcen möchtest du in künftigen Beratungsgesprächen bewusster einsetzen?

- Was bedeutet für dich achtsame Veränderungsbegleitung, und wie kannst du sie in deinem beruflichen Alltag konkret leben?

NLP in der Beratung und Therapie ist keine Technikenschachtel. Es ist ein lebendiger Ansatz, der dazu einlädt, Menschen achtsam, klar und lösungsorientiert zu begleiten, in Kontakt mit ihren Möglichkeiten, ihren Geschichten und ihrer Fähigkeit zur Entwicklung. Es verbindet Methodensicherheit mit Einfühlungsvermögen, Struktur mit Kreativität und trägt dazu bei, dass Veränderung nicht von außen gemacht, sondern von innen heraus ermöglicht wird.

NLP in Mediation und Konfliktschlichtung

Brücken bauen durch Sprache und Haltung

Konflikte gehören zum menschlichen Miteinander. Sie entstehen dort, wo Interessen, Werte oder Bedürfnisse scheinbar unvereinbar aufeinandertreffen. Mediation und Konfliktklärung bieten den Rahmen, in dem Verständigung, Versöhnung und neue Lösungen möglich werden, vorausgesetzt, es gelingt, die Kommunikation zwischen den beteiligten Personen wieder in Fluss zu bringen. Genau hier entfaltet NLP seine besondere Stärke: als Werkzeug zur gezielten Wahrnehmung, zur klaren Sprache und zur Förderung von Perspektivenvielfalt.

Im Zentrum der NLP-Arbeit in Konfliktsituationen steht die Überzeugung, dass jedes Verhalten aus einer positiven Absicht heraus geschieht, auch dann, wenn es destruktiv oder verletzend wirkt. Diese Haltung schafft einen Rahmen von Wertschätzung, der es ermöglicht, hinter das Offensichtliche zu schauen. Menschen in Konflikten erleben sich oft in starren Positionen, mit eingeschränktem Blick auf das Gegenüber. NLP-Techniken helfen, diesen Tunnelblick zu weiten und neue Sichtweisen zu eröffnen, ohne vorschnell zu werten.

Ein zentrales Instrument ist das Modell der Wahrnehmungspositionen. Die erste Position beschreibt die eigene Perspektive: „Was fühle, denke und brauche ich?" Die zweite Position ermöglicht, sich in die Sichtweise des Gegenübers hineinzuversetzen: „Wie könnte sich die andere Person fühlen? Was ist ihr wichtig?" Die dritte

Position ist eine Art Beobachterrolle: „Wie wirkt diese Situation von außen betrachtet?" Durch das bewusste Wechseln zwischen diesen Positionen wird Empathie gestärkt, Emotionalität abgebaut und neue Einsichten werden möglich. In einem mediationsgeleiteten Prozess kann das gezielte Einnehmen dieser Perspektiven zu überraschenden Aha-Erlebnissen führen.

Auch das Reframing, also das Umdeuten eines Verhaltens oder einer Aussage, spielt eine zentrale Rolle. Ein Vorwurf wie „Du hörst mir nie zu" kann beispielsweise in der Tiefe den Wunsch nach mehr Verbindung oder Anerkennung ausdrücken. NLP hilft, diese tieferen Bedeutungen herauszuarbeiten und so die Kommunikation zu deeskalieren. Sprachlich präzise Fragen aus dem Metamodell helfen dabei, unklare oder generalisierte Aussagen zu hinterfragen, Missverständnisse zu klären und verdeckte Bedürfnisse sichtbar zu machen. Der Satz „Immer machst du das" kann etwa durch Fragen wie „Wann genau ist das passiert?" oder „Wie meinst du das konkret?" entschärft und geklärt werden.

Ein weiterer Baustein ist der gezielte Aufbau von Rapport. Besonders in eskalierten Konflikten ist es entscheidend, dass sich alle Beteiligten gehört, gesehen und respektiert fühlen. NLP-Techniken wie Spiegeln von Körpersprache, Angleichung des Sprachstils oder bewusstes Zuhören fördern Vertrauen und ermöglichen es, auch schwierige Themen auf konstruktive Weise anzusprechen. Rapport ist die unsichtbare Verbindung, die Menschen in Dialog bringt. Ist sie gestört, helfen auch noch so gute Argumente wenig. Ist sie gegeben, wird Kommunikation wieder möglich.

In der Praxis bedeutet dies zum Beispiel: Wenn zwei Kolleg:innen seit Monaten im Streit liegen, kann die Anwendung von NLP-Formaten helfen, die zugrunde liegenden Kommunikationsmuster aufzudecken. Durch den bewussten Wechsel in die dritte Wahrnehmungsposition können sie erkennen, wie ihre Dynamik auf Außenstehende wirkt. Mit Reframing lassen sich Bedürfnisse hinter Vorwürfen herausarbeiten. Und durch kongruente Kommunikation entsteht Raum für neue Lösungen. Besonders hilfreich ist es, wenn Mediator:innen oder Coaches die Beteiligten durch gezielte Fragen und Visualisierungen dazu anregen, sich selbst und die Situation aus neuen Blickwinkeln zu erleben.

Darüber hinaus unterstützt NLP die Mediator:innen selbst. Sie lernen, ihre eigene innere Haltung zu reflektieren, ihre Sprache präzise einzusetzen und mit innerer Gelassenheit präsent zu bleiben, selbst in angespannten Situationen. Die Fähigkeit, zwischen den emotionalen Feldern der Beteiligten zu navigieren, ohne sich darin zu verlieren, ist eine der wertvollsten Kompetenzen in der Mediation. NLP bietet hier Formate zur eigenen emotionalen Stabilisierung, zur Klarheit im Ausdruck und zur empathischen, aber bestimmten Gesprächsführung.

Auch die Arbeit mit Ankern kann hilfreich sein: Ein:e Teilnehmer:in einer Mediation, der oder die schnell in Ärger oder Rückzug kippt, kann im Vorfeld mit einem positiven Anker ausgestattet werden. Etwa ein inneres Bild oder ein Griff an die eigene Handfläche, um sich im Gespräch selbst zu regulieren. Solche kleinen Interventionen helfen, auch in hitzigen Situationen handlungsfähig zu bleiben.

In Gruppenmediationen oder bei komplexen Konflikten in Organisationen ist es zudem sinnvoll, mit Zeitlinien, Aufstellungen oder Rollenwechseln zu arbeiten, alles Methoden, die im NLP beheimatet sind. Diese Techniken machen komplexe Zusammenhänge sichtbar und fördern ein systemisches Verständnis für Konfliktdynamiken. NLP öffnet damit die Tür zu einem handlungsorientierten und zugleich achtsamen Konfliktverständnis.

NLP bietet damit nicht nur konkrete Tools, sondern auch eine Haltung: die Überzeugung, dass Verständnis möglich ist, wenn wir bereit sind, unsere Wahrnehmung zu erweitern, unsere Sprache zu klären und uns auf echtes Zuhören einzulassen. Mediation wird so nicht nur zur Konfliktlösung, sondern zu einem Raum persönlicher Entwicklung, in dem Menschen sich selbst und anderen auf neue Weise begegnen können.

Praxisimpuls: Konflikte neu verstehen

- Denke an eine konkrete Konfliktsituation. Welche Wahrnehmungsposition nimmst du in dieser Situation meist ein?
- Versetze dich bewusst in die zweite Position: Wie könnte dein Gegenüber die Situation erleben? Was könnte ihm oder ihr wichtig sein?
- Wechsle nun in die dritte Position: Was fällt dir auf, wenn du die Interaktion von außen beobachtest?

- Welche Formulierung aus dem Streitgespräch könntest du umdeuten? Was könnte die dahinterliegende positive Absicht gewesen sein?
- Wie kannst du durch Sprache, Körpersprache und innere Haltung mehr Raum für Verständnis schaffen?
- Welche NLP-Technik oder -Haltung möchtest du bewusst trainieren, um in der nächsten konflikthaften Situation präsenter, klarer oder empathischer zu sein?

NLP in der Mediation ist mehr als Technik, es ist eine Haltung des Brückenbauens, der Empathie und der Klarheit. Es unterstützt Menschen dabei, sich selbst und andere besser zu verstehen, und aus dieser Verbindung heraus neue Wege im Miteinander zu gehen. Konflikte werden dabei nicht als Scheitern betrachtet, sondern als Entwicklungschance für mehr Verständigung, mehr Menschlichkeit und mehr Frieden im Kleinen wie im Großen.

NLP in der Pädagogik

Lernen gestalten, Potenziale entfalten

Lehren und Lernen sind zutiefst kommunikative Prozesse. Sie leben davon, wie Inhalte vermittelt, verstanden und verinnerlicht werden, aber auch davon, wie Beziehungen zwischen Lehrenden und Lernenden gestaltet sind. Das Neurolinguistische Programmieren, kurz NLP, bietet eine Vielzahl an Werkzeugen und Haltungen, die den pädagogischen Alltag bereichern und vertiefen können. Ob im Klassenzimmer, in der Erwachsenenbildung oder im Einzelcoaching, NLP sensibilisiert für die Unterschiedlichkeit von Wahrnehmung, fördert Motivation und unterstützt nachhaltiges Lernen.

Ein zentrales Konzept des NLP in der Pädagogik ist das Modell der Repräsentationssysteme, bekannt als VA-KOG. Menschen lernen auf unterschiedliche Weise, nämlich visuell, auditiv, kinästhetisch, olfaktorisch oder gustatorisch. Auch wenn in der Praxis die drei erstgenannten Sinneskanäle dominieren, lohnt es sich, Lehrmethoden so zu gestalten, dass sie verschiedene Zugänge zum Lernen ermöglichen. Ein Thema wird für visuelle Lerntypen leichter zugänglich, wenn es durch Diagramme, Bilder oder Farben begleitet wird. Auditive Typen profitieren von Erklärungen, Diskussionen und rhythmischem Sprechen. Kinästhetische Lernende brauchen Bewegung, praktische Anwendung oder emotionale Beteiligung. Durch die bewusste Ansprache dieser Kanäle kann Lernen lebendiger und individueller gestaltet werden.

NLP bietet auch konkrete Techniken zur Motivation. Die Arbeit mit gut formulierten Zielen, die nach dem Modell der wohlgeformten Zielkriterien aufgebaut sind, hilft Lernenden, sich mit ihren Lernabsichten zu verbinden. Ein Ziel wie „Ich will besser in Mathe werden" wird konkret, wenn es lautet: „Ich möchte bis zum Schuljahresende meine Note in Mathematik von vier auf zwei verbessern, indem ich zweimal pro Woche übe und mir Hilfe hole, wenn ich etwas nicht verstehe." Ziele werden mit Ressourcen verknüpft, Fortschritte sichtbar gemacht. Das stärkt Selbstwirksamkeit und fördert eine aktive Lernhaltung.

Ein weiteres zentrales Element ist die Fähigkeit, Rapport aufzubauen. Lehrende, die mit NLP arbeiten, achten bewusst auf die Qualität der Beziehung zu ihren Schülerinnen und Schülern. Sie nehmen feine nonverbale Signale wahr, passen Sprache und Tempo an und schaffen so ein lernförderliches Klima. Eine gute Beziehung ist die Grundlage für gelingendes Lernen, nicht im Sinne von Beliebtheit, sondern als Raum, in dem sich Lernende sicher und gesehen fühlen.

Auch das Reframing findet Anwendung im pädagogischen Alltag. Eine vermeintlich störende Verhaltensweise, etwa das häufige Nachfragen, kann als Ausdruck von Engagement oder dem Wunsch nach Sicherheit verstanden werden. Ein Kind, das sich weigert, eine Aufgabe zu machen, zeigt damit vielleicht seine Unsicherheit oder den Wunsch nach Autonomie. Wer so auf Verhalten blickt, öffnet den Raum für neue pädagogische Antworten. Statt Kontrolle tritt Verständnis, statt Sanktionierung entsteht Beziehung.

Die Arbeit mit inneren Bildern, Submodalitäten und Ankern kann Lernprozesse unterstützen. Ein Schüler, der Angst vor Prüfungen hat, kann lernen, innere Bilder positiver Situationen hervorzurufen, Anker für Ruhe und Klarheit zu setzen und seine Vorstellungskraft gezielt zu nutzen. Lernblockaden lassen sich auflösen, indem die Art der inneren Darstellung verändert wird, etwa durch Verkleinern eines angstauslösenden Bildes oder das Ersetzen durch ein unterstützendes inneres Szenario.

NLP eignet sich auch hervorragend zur Reflexion des eigenen Lehrverhaltens. Lehrkräfte können sich fragen: Wie formuliere ich Rückmeldungen, welche sprachlichen Muster verwende ich, wie bewusst gehe ich mit meiner Körpersprache um, wie stelle ich sicher, dass ich unterschiedliche Lerntypen und Persönlichkeitsstrukturen erreiche? NLP fördert hier Achtsamkeit, Klarheit und ein hohes Maß an Selbstreflexion.

In der inklusiven Pädagogik sowie in herausfordernden sozialen Kontexten kann NLP helfen, Zugang zu Schülerinnen und Schülern zu finden, die mit klassischen Methoden nicht erreicht werden. Durch Ressourcenorientierung, empathische Kommunikation und kreative Methoden werden Barrieren abgebaut und neue Wege des Lernens eröffnet.

Praxisimpuls: NLP im pädagogischen Alltag

- Denke an eine Lernsituation, die für dich besonders gut verlaufen ist. Welche Elemente haben dazu beigetragen? Welche Rolle spielte deine Sprache, deine Haltung, deine Präsenz?
- Welche Repräsentationssysteme sprichst du in deinem Unterricht bevorzugt an? Welche könntest du bewusster integrieren?
- Wie formulierst du Lernziele, für dich und mit deinen Schülerinnen und Schülern? Sind sie konkret, motivierend und erreichbar?
- Beobachte in einer Unterrichtssituation gezielt deine eigene Körpersprache und deinen Tonfall. Was nimmst du wahr?
- Gibt es eine NLP-Technik, die du in nächster Zeit ausprobieren oder vertiefen möchtest?

NLP in der Pädagogik bedeutet nicht, jede Stunde mit neuen Methoden zu füllen. Es geht vielmehr darum, bewusster, achtsamer und wirkungsvoller zu kommunizieren. NLP eröffnet Räume, in denen Lernen nicht als Leistung, sondern als Entfaltung verstanden wird. Wo Menschen gesehen, verstanden und ermutigt werden, können sie wachsen, fachlich und persönlich.

NLP in der Präsentation

Wirkung entfalten, Menschen erreichen

Ob im Klassenzimmer, im Seminar, bei einem Vortrag oder im beruflichen Meeting, wer präsentiert, möchte Menschen erreichen, überzeugen oder inspirieren. NLP bietet zahlreiche Werkzeuge, um Präsentationen lebendig, authentisch und wirkungsvoll zu gestalten. Es geht dabei nicht nur um das Was, sondern vor allem um das Wie der Vermittlung. Wie spreche ich? Wie baue ich Kontakt zum Publikum auf? Wie nutze ich meine Körpersprache, Stimme und innere Haltung, um meine Botschaft überzeugend zu transportieren? NLP begreift Präsentation als vielschichtigen Prozess, als bewusste Gestaltung von Beziehung, Aufmerksamkeit und Resonanz.

Ein zentrales Element erfolgreicher Präsentation im NLP ist die Fähigkeit, Rapport mit dem Publikum aufzubauen. Rapport bedeutet nicht, nett oder unterhaltsam zu sein, sondern eine tragfähige Verbindung herzustellen, in der sich Zuhörende gesehen, gemeint und angesprochen fühlen. Dies gelingt durch Blickkontakt, durch die bewusste Angleichung an das Energielevel der Gruppe, durch eine lebendige und verständliche Sprache und vor allem durch Präsenz. Präsenz im Raum, Präsenz beim Thema, Präsenz bei den Menschen. Eine gute Präsentierende spürt, wann das Publikum abschweift, und passt sich flexibel an. NLP schult genau diese feine Wahrnehmung.

Ein besonders wirksames Werkzeug aus dem NLP ist der gezielte Einsatz von Sprache. Durch den bewussten Umgang mit Sprachmustern, etwa durch das Nutzen positiver Suggestionen, durch metaphorisches Erzählen oder durch den Einsatz des Milton- oder Metamodells, kann eine Präsentation deutlich an Tiefe und Wirkung gewinnen. Wer etwa sagt: Vielleicht wirst du gleich eine Idee entdecken, die für dich besonders hilfreich ist, erzeugt beim Publikum Offenheit und Neugier, ohne zu belehren. Auch sprachliche Kontraste wie „Stellen Sie sich vor ... und jetzt vergleichen Sie das mit ..." regen innere Bilder an. NLP regt dazu an, Sprache als Erlebnisraum zu nutzen.

Auch das Modell von VAKOG hilft, Präsentationen für unterschiedliche Wahrnehmungstypen zugänglich zu machen. Wer anschaulich erzählt, bildhafte Sprache verwendet, mit Klangfarben in der Stimme spielt und bei Gelegenheit zum Mitmachen oder Nachspüren einlädt, spricht verschiedene Sinne an und erhöht so die Wahrscheinlichkeit, dass Inhalte wirklich ankommen. Eine rein faktenorientierte Präsentation bleibt oft im Kopf, aber nicht im Herzen. NLP inspiriert dazu, ganzheitlicher zu kommunizieren. Ein visuelles Schaubild, eine hörbare Pausentechnik, eine kleine Bewegungseinheit oder ein emotionales Beispiel können entscheidend zur Aufnahme und Integration beitragen.

Nicht zu unterschätzen ist die Arbeit mit der eigenen inneren Haltung vor einer Präsentation. Viele Menschen erleben Nervosität, Lampenfieber oder innere Blockaden. NLP bietet Techniken wie Future Pacing, das Setzen von Ressourcenankern oder die Arbeit mit inneren

Bildern, um sich mental vorzubereiten. Wer sich vor dem Auftritt mit einem inneren Film verbindet, in dem die Präsentation gut verläuft, stärkt nicht nur das Selbstvertrauen, sondern auch die Ausstrahlung. Der Körper sendet Signale von Sicherheit, die Stimme wird klarer, die Gestik lebendiger. Solche Veränderungen wirken sich unmittelbar auf die Wahrnehmung des Publikums aus.

Auch die Struktur einer Präsentation lässt sich mit NLP-Formaten bewusst gestalten. Der klassische Dreiklang Ziel, Weg und Nutzen kann durch den gezielten Einsatz von Storytelling, eingebetteten Metaphern oder rhetorischen Fragen lebendig werden. Statt nur zu informieren, wird eine Geschichte erzählt, in der sich das Publikum selbst wiederfinden kann. Emotion, Logik und Körpersprache werden in Einklang gebracht. Dabei helfen Formate wie das sogenannte Nesting, also das Einbetten mehrerer Geschichten in eine Hauptgeschichte, oder der Aufbau über ein Problem, Wunsch und Lösung-Modell, das emotional anspricht und zugleich Klarheit bietet.

Körpersprache spielt in der Präsentation eine besondere Rolle. NLP schult die Wahrnehmung und den bewussten Einsatz von Mimik, Gestik, Haltung und Bewegung im Raum. Kleine Signale wie ein Augenkontakt, eine bewusste Geste oder eine bedeutungsvolle Pause können mehr Wirkung entfalten als viele Worte. Gleichzeitig hilft NLP, Körpersprache authentisch werden zu lassen, anstatt sie zu inszenieren. Es geht nicht um Schauspiel, sondern um Kohärenz zwischen innerer Haltung und äußerem Ausdruck.

In Präsentationen mit interaktiven Elementen ist NLP besonders hilfreich. Der bewusste Umgang mit Fragen, die Aktivierung des Publikums über kleine Übungen, das Einholen von Feedback oder das Steuern von Gruppenprozessen lassen sich mit NLP gezielt gestalten. Die sogenannte Yes-Set-Technik, also das Stellen von Fragen, die innerlich mit Ja beantwortet werden, steigert Zustimmung und Offenheit. Auch das Reframing hilft, auf kritische Rückfragen lösungsorientiert zu reagieren.

Besonders in schwierigen Präsentationssituationen, etwa vor einem kritischen Publikum oder bei technischen Pannen, bietet NLP innere Stabilisierung. Die bewusste Steuerung von Gedanken, Körperhaltung und innerer Sprache trägt dazu bei, flexibel und gelassen zu bleiben. Wer sich als Gestaltende der Situation erlebt, anstatt zum Opfer äußerer Umstände zu werden, bleibt handlungsfähig.

Praxisimpuls: Präsentieren mit Präsenz

- Denke an eine Präsentation, die dich begeistert hat. Was hat die Person aus deiner Sicht besonders gut gemacht?
- Wie baust du in Präsentationen Rapport zu deinem Publikum auf? Welche Signale nimmst du wahr?
- Welche deiner sprachlichen Muster möchtest du bewusster einsetzen oder variieren?
- Wie bereitest du dich innerlich vor, und wie könntest du mit NLP-Methoden deine Auftrittsenergie stärken?

- Gibt es eine NLP-Technik, die du in deiner nächsten Präsentation ausprobieren möchtest?
- Welche Sinneskanäle nutzt du bereits, und welche möchtest du gezielter einbinden?
- In welchen Momenten deiner Präsentationen möchtest du mehr Wirkung erzeugen, durch Pause, Betonung, Bewegung oder Metapher?

NLP in der Präsentation ist keine Showtechnik. Es ist die Kunst, authentisch in Verbindung zu treten. Wer sich selbst, sein Thema und das Publikum ernst nimmt, kann mit NLP-Methoden nicht nur informieren, sondern berühren. Und genau das macht eine Präsentation unvergesslich. Denn Menschen erinnern sich nicht nur an das, was gesagt wurde, sondern vor allem daran, wie sie sich dabei gefühlt haben.

Die unbewussten Filter unserer Wirklich-keit

Metaprogramme sind grundlegende Muster der Wahr-nehmung, der Informationsverarbeitung und der Ent-scheidungsfindung. Sie wirken wie unbewusste Filter, durch die wir die Welt erleben. Während zwei Men-schen denselben Reiz erhalten, etwa eine Aussage, ein Bild oder ein Ereignis, reagieren sie darauf völlig unter-schiedlich. Der Grund dafür liegt oft nicht im Reiz selbst, sondern in den inneren Programmen, mit denen wir In-formationen aufnehmen, gewichten, interpretieren und bewerten.

Im NLP spielen Metaprogramme eine zentrale Rolle, wenn es darum geht, die Kommunikation besser zu ver-stehen, sich selbst bewusster zu erleben und gezielter auf andere einzugehen. Sie helfen, typische Verhaltens- und Sprachmuster zu erkennen, die Rückschlüsse auf die inneren Strukturen eines Menschen zulassen. Wer sich der eigenen Metaprogramme bewusst wird und jene des Gegenübers erkennen lernt, kann Missverständnisse vermeiden, besser führen, erfolgreicher verkaufen, kla-rer beraten und einfühlsamer begleiten.

Metaprogramme sind keine starren Persönlichkeits-merkmale. Sie sind vielmehr kontextabhängige Präfe-renzen, die sich in bestimmten Lebensbereichen durch-setzen. So kann jemand im beruflichen Kontext sehr strukturorientiert sein, im privaten Bereich aber spon-tan und flexibel agieren. NLP interessiert sich für diese Muster nicht zur Einteilung von Menschen, sondern zur

Erweiterung von Handlungsspielräumen, für sich selbst und im Umgang mit anderen.

Ein wichtiger Nutzen der Metaprogramme liegt in der sprachlichen Anpassung. Menschen reagieren besser auf Botschaften, die in ihrer bevorzugten Denkstruktur formuliert sind. Jemand, der sich eher an Problemen orientiert, wird eher auf Formulierungen wie „Was sollte unbedingt vermieden werden" reagieren, während ein lösungsorientierter Mensch besser auf „Was möchten Sie stattdessen" anspringt. Ähnlich funktioniert dies mit inneren Motivationen, Entscheidungsmustern oder zeitlicher Orientierung.

Insgesamt lassen sich Metaprogramme als individuelle, meist unbewusste Filter verstehen, die steuern:

- worauf wir achten
- was wir bevorzugen
- wie wir kommunizieren
- wie wir entscheiden
- was uns motiviert
- wie wir Probleme lösen

NLP nutzt dieses Wissen, um die Kommunikation wirkungsvoller, präziser und gleichzeitig respektvoller zu gestalten. Denn wer das innere Betriebssystem seines Gegenübers besser versteht, kann nicht nur gezielter sprechen, sondern auch echter zuhören und klarer spiegeln. Die Kenntnis der Metaprogramme führt zu mehr Verständnis, weniger Reibungsverlust und größerer Flexibilität im Umgang mit unterschiedlichen Persönlichkeiten.

In den folgenden Kapiteln betrachten wir die einzelnen Metaprogramme ausführlich. Dabei geht es nicht darum, Menschen in Schubladen zu stecken, sondern innere Landkarten zu erkennen und bewusst mit ihnen umzugehen, zum Beispiel in der Beratung, im Coaching, im Verkauf, in der Führung oder im pädagogischen Kontext.

Den Anfang machen wir mit einem Metaprogramm, das sich mit den primären Interessen beschäftigt: Menschen, Orte, Dinge oder Informationen. Welche dieser vier Kategorien bevorzugt jemand, bewusst oder unbewusst, wenn er über Erfahrungen spricht, Entscheidungen trifft oder ein Angebot bewertet? Genau darum geht es im nächsten Abschnitt.

Primäre Interessen

Menschen, Orte, Dinge, Informationen

Dieses Metaprogramm hat weitreichende Auswirkungen auf Kommunikation, Motivation, berufliche Entscheidungen und persönliche Beziehungen. Wer versteht, was sein Gegenüber primär interessiert, kann gezielter kommunizieren, passende Angebote machen und Missverständnisse vermeiden. Die primären Interessen steuern unbewusst, worauf Menschen achten, welche Reize sie aufnehmen, was sie motiviert und wie sie sich über Erlebnisse äußern. Besonders in der sprachlichen Gestaltung, in der Themenwahl und in der Art, wie man Gespräche führt, kann sich dieses Metaprogramm bemerkbar machen.

Menschen

Menschen, die sich hauptsächlich an anderen Menschen orientieren, legen besonderen Wert auf Beziehungen, emotionale Verbundenheit und zwischenmenschliche Dynamiken. Sie achten darauf, wie es anderen geht, nehmen Stimmungen wahr und fühlen sich wohl in Teams oder sozialen Kontexten. In Gesprächen beziehen sie sich häufig auf persönliche Erfahrungen, erzählen von Begegnungen oder interessieren sich für biografische Hintergründe. Ihre Sprache ist häufig emotional gefärbt, empathisch, zugewandt und von vielen personenbezogenen Begriffen geprägt.

Beispiel: Ein menschenorientierter Kunde wird bei der Entscheidung für ein Produkt stark darauf achten, ob er sich gut beraten fühlt, ob er dem Verkäufer vertraut oder ob er über eine persönliche Empfehlung kommt. Für solche Kund:innen ist eine warme, zugewandte Kommunikation entscheidend. Im Teamkontext brauchen sie Verbindung, Austausch und Wertschätzung. Auch in Veränderungsprozessen ist es für sie essenziell, ob sie Unterstützung erfahren und sich eingebunden fühlen.

Orientierung

Orteorientierte Menschen interessieren sich für Umgebungen, Kontexte und atmosphärische Gegebenheiten. Sie sprechen oft über Orte, Situationen, Räume oder Erlebnisse in bestimmten Settings. In ihrer Sprache tauchen Ausdrücke auf wie „Das war ein schöner Platz", „Ich fühle mich dort wohl" oder „Die Umgebung war inspirierend". Für sie sind nicht nur Inhalte, sondern auch der Kontext wichtig, in dem etwas stattfindet.

Beispiel: Eine ortsorientierte Person wird bei der Wahl eines Arbeitsplatzes darauf achten, wie die Büroräume gestaltet sind, ob die Lage angenehm ist oder ob sie sich räumlich entfalten kann. Im Coaching oder Beratungsgespräch wird sie sensibel auf den Raum, die Atmosphäre und das Setting reagieren. Im Verkauf ist es hilfreich, für diese Menschen visuelle Beschreibungen der Nutzungssituation zu geben - etwa, wie sich das Produkt in einer bestimmten Umgebung anfühlen könnte. Orteorientierte Menschen sind oft auch affin für ästhetische und gestalterische Aspekte.

Dinge

Menschen mit einer primären Orientierung auf Dinge interessieren sich für Produkte, Werkzeuge, Technologien oder physische Objekte. Sie sind häufig lösungsorientiert, pragmatisch und möchten wissen, wie etwas funktioniert oder aufgebaut ist. Ihre Sprache enthält viele konkrete Begriffe, technische Details oder Funktionsbeschreibungen. Sie orientieren sich oft an Nutzen, Materialität und Handhabung.

Beispiel: Ein dingeorientierter Kunde wird gezielt nach technischen Spezifikationen, Materialbeschaffenheit oder Effizienz fragen. Für solche Personen sind greifbare Vorteile, Funktionalität und klare Argumente zentral. Im Gespräch überzeugt man sie durch konkrete Beispiele, Produktdemos oder belastbare Daten. Auch im zwischenmenschlichen Bereich können sie eher sachlich bleiben und das Persönliche weniger betonen. Für sie zählt oft das, was „handfest" ist.

Informationen
Informationsorientierte Menschen legen großen Wert auf Wissen, Daten, Fakten und Zusammenhänge. Sie wollen verstehen, recherchieren, vergleichen und analysieren. Oft stellen sie viele Fragen, lesen gerne ausführliche Beschreibungen oder Berichte und entscheiden aufgrund eines mentalen Vergleichsprozesses. Sie sind oft sehr strukturiert im Denken und Wünschen sich klare, nachvollziehbare Argumente.

Beispiel: Eine informationsorientierte Person wird im Beratungsgespräch genau hinhören, nach Quellen fragen oder Vor- und Nachteile abwägen wollen. Sie lässt sich selten zu schnellen Entscheidungen drängen und schätzt Argumente, die logisch aufgebaut sind. Für sie eignen sich Whitepapers, Studien, Fallbeispiele oder ausführliche Erklärungen. Ihre Sprache ist häufig sachlich, präzise und analytisch. In Gruppen achten sie auf Kohärenz, Qualität der Information und oft auch auf fachliche Korrektheit.

Anwendung im Coaching, Verkauf und Alltag

Wer die primären Interessen seines Gegenübers erkennt, kann Sprache und Kommunikation entsprechend anpassen. Ein und dasselbe Produkt lässt sich auf unterschiedliche Weise beschreiben - als Möglichkeit zur besseren Vernetzung (für Menschen-orientierte), als Bereicherung des Arbeitsumfelds (für Orte-Orientierte), als praktisches Werkzeug (für Dinge-Orientierte) oder als durchdachte Lösung mit guter Datenbasis (für Informations-Orientierte).

Im Coaching kann das Wissen um diese Filter helfen, den Zugang zu Klient:innen besser zu finden, ihre Sprache zu spiegeln und Veränderungsprozesse passgenau zu gestalten. In Teams erklärt es, warum Menschen unterschiedliche Prioritäten setzen - und wie man sie dennoch zu einem gemeinsamen Ziel führen kann. Auch in der Führung ermöglicht es, Aufgaben passend zu delegieren, Motivationsstrategien zu verfeinern und Konflikte besser zu verstehen.

Die Metaprogramme sind keine starren Kategorien, sondern dynamische Tendenzen. Menschen können in unterschiedlichen Kontexten unterschiedliche Interessen zeigen. Dennoch gibt es meist eine oder zwei vorherrschende Präferenzen, die sich im Sprachgebrauch, im Verhalten und in der Motivation deutlich zeigen. Sie lassen sich trainieren, erweitern und im bewussten Umgang gezielt variieren.

Praxisimpuls: Primäre Interessen erkennen und nutzen

- Beobachte in Gesprächen: Worauf lenkt dein Gegenüber besonders schnell die Aufmerksamkeit - auf Menschen, Räume, Dinge oder Informationen?
- Achte auf die Wortwahl in E-Mails oder Gesprächen: Welche Begriffe fallen besonders häufig? Welche Werte stecken dahinter?
- Denke an drei unterschiedliche Personen in deinem Umfeld. Wie würdest du ihr primäres Interesse einschätzen? Und wie wirkt sich das auf die Kommunikation mit ihnen aus?
- Probiere im nächsten Gespräch aus, dich bewusst auf das Interesse deines Gegenübers einzustellen. Welche Veränderungen nimmst du wahr?
- Reflektiere dein eigenes primäres Interesse: Was spricht dich spontan an? Und wie kannst du deine Kommunikation so erweitern, dass du auch andere Interessen besser ansprichst?

Motivationale Grundrichtung

Weg von vs. Hin zu-Orientierung

Das Metaprogramm der Weg-von- und Hin-zu-Orientierung beschreibt, worauf sich unsere Motivation hauptsächlich richtet: Bewegen wir uns weg von etwas Unangenehmem, oder hin zu etwas Erwünschtem? Diese grundlegende Unterscheidung hat tiefgreifende Auswirkungen auf unsere Ziele, Entscheidungen, Verhaltensstrategien und Kommunikationsweise.

Hin-zu-orientierte Menschen sind meist visionär, zukunftsgerichtet und zielmotiviert. Sie haben ein klares Bild davon, was sie erreichen wollen, und richten ihre Energie auf das, was sie anstreben. Ihre Sprache ist geprägt von Begriffen wie „Ziel", „Vision", „Wunsch", „Erfolg" oder „Chance". Sie formulieren ihre Ziele oft positiv: „Ich möchte mein Unternehmen international ausbauen", „Ich will eine harmonische Beziehung leben", „Ich strebe berufliche Weiterentwicklung an".

Weg-von-orientierte Menschen hingegen fokussieren sich stärker auf das, was sie vermeiden, verhindern oder loswerden wollen. Ihre Motivation entsteht häufig aus einem Bedürfnis nach Sicherheit, Kontrolle oder der Vermeidung von Schmerz. Ihre Sprache enthält Ausdrücke wie „Ich möchte nicht mehr so gestresst sein", „Das darf auf keinen Fall schiefgehen" oder „Ich will Fehler vermeiden". Sie haben oft einen scharfen Blick für Risiken, Hindernisse oder mögliche Gefahren.

Beide Orientierungen haben ihren Wert und ihre Berechtigung. Die Hin-zu-Orientierung bringt Dynamik, Kreativität und Vorfreude mit sich, während die Weg-von-Orientierung Gefahren erkennt, Probleme löst und Stabilität schafft. In gesunden Persönlichkeitsstrukturen wechseln sich beide Orientierungen je nach Situation ab. Problematisch wird es, wenn eine Orientierung dauerhaft dominiert oder die andere vollständig verdrängt wird.

Im Coaching und in der Beratung ist es wichtig, dieses Metaprogramm zu erkennen. Wer eine ausschließlich weg-von-orientierte Sprache verwendet, hat möglicherweise Schwierigkeiten, ein positives Zielbild zu entwickeln. Dann kann die Frage helfen: „Wenn das Problem gelöst wäre, was wäre stattdessen da?" Umgekehrt brauchen stark hin-zu-orientierte Personen manchmal eine sanfte Konfrontation mit möglichen Risiken, um realistisch zu planen.

Auch im Verkauf ist dieses Metaprogramm von zentraler Bedeutung. Ein hin-zu-orientierter Kunde reagiert gut auf Aussagen wie „Mit diesem Produkt erreichen Sie Ihre Ziele schneller" oder „Sie profitieren von einem echten Wettbewerbsvorteil". Ein weg-von-orientierter Kunde wird sich eher angesprochen fühlen durch Formulierungen wie „So vermeiden Sie teure Fehler" oder „Dieses System schützt Sie vor unnötigem Aufwand".

In der Führung beeinflusst dieses Metaprogramm, wie Mitarbeiter:innen angesprochen werden sollten. Manche motivieren sich eher über das Bild eines lohnenden Ziels, andere über die Vorstellung, Probleme zu vermeiden oder unangenehmen Zuständen zu entkommen. Wer diese Unterschiede erkennt und in der Kommunikation berücksichtigt, schafft mehr Wirkung und weniger Widerstand.

In Partnerschaften und im privaten Bereich kann dieses Metaprogramm erklären, warum sich Menschen in Konfliktsituationen oder bei Entscheidungen unterschiedlich verhalten. Während die eine Person davon spricht, was sie sich wünscht, benennt die andere, was sie nicht mehr will - und beide haben das Gefühl, nicht verstanden zu werden. NLP hilft, diese Muster zu entwirren und gemeinsame Brücken zu bauen.

Metaprogramme wie dieses sind keine unveränderlichen Persönlichkeitszüge. Sie sind erlernt, geprägt durch Erfahrungen und können sich mit wachsender Bewusstheit verändern. Menschen, die sowohl ihre weg-von- als auch ihre hin-zu-Motivation flexibel nutzen können, sind meist anpassungsfähiger, resilienter und klarer in ihrer Zielsetzung.

Praxisimpuls: Deine Motivationsrichtung erkennen und erweitern

- Denke an eine Entscheidung, die du kürzlich getroffen hast. Was war dein innerer Antrieb - wolltest du etwas erreichen oder etwas vermeiden?
- Wie formulierst du deine Ziele? Eher positiv und zukunftsgerichtet - oder in Form dessen, was du nicht mehr willst?

- Beobachte deine Sprache in Gesprächen: Hörst du häufiger „nicht mehr", „vermeiden", „weg von" - oder „hin zu", „erreichen", „anstreben"?

- Reflektiere eine aktuelle Herausforderung: Was willst du konkret stattdessen in deinem Leben haben - wenn das Problem nicht mehr da wäre?

- Probiere aus, ein weg-von-Ziel in ein hin-zu-Ziel umzuwandeln. Was verändert sich dadurch in deiner Motivation?

Wer beide Motivationsrichtungen bewusst einsetzt, gewinnt nicht nur an innerer Freiheit, sondern auch an kommunikativer Wirksamkeit. NLP lädt ein, die Sprache der Motivation zu verstehen - bei sich selbst und bei anderen.

Entscheidungsorientierung

Internale vs. Externale Referenz

Das Metaprogramm der Referenzorientierung beschreibt, wie Menschen entscheiden, ob etwas für sie richtig, stimmig oder gültig ist. Die zentrale Frage lautet: Kommt die Bewertung primär von innen - oder braucht es eine Bestätigung von außen? In NLP-Begriffen unterscheiden wir zwischen *internaler* und *externaler* Referenz.

Menschen mit internaler Referenz vertrauen in erster Linie auf ihre eigenen Maßstäbe, Erfahrungen und Einschätzungen. Sie orientieren sich an ihrem inneren Kompass und treffen Entscheidungen weitgehend unabhängig von äußeren Rückmeldungen. Ihre Sprache enthält häufig Formulierungen wie: „Ich habe ein gutes Gefühl dabei", „Für mich stimmt das so", „Ich weiß, dass es richtig ist". Solche Personen prüfen Informationen innerlich und entscheiden oft schnell, klar und selbstbestimmt.

Externale Referenz bedeutet hingegen, dass jemand Orientierung und Sicherheit durch Rückmeldungen von außen sucht. Menschen mit dieser Tendenz achten stark auf Feedback, Meinungen, Empfehlungen oder Normen. Ihre Sprache ist geprägt von Sätzen wie: „Was sagen die anderen?", „Ich frage lieber nochmal nach", „Wenn mein Chef das gut findet, mache ich es". Entscheidungen werden häufig erst dann getroffen, wenn eine Bestätigung von außen erfolgt.

Beide Referenzsysteme haben ihre Vorteile - und ihre Begrenzungen. Internale Personen sind oft unabhängig, initiativ und selbstsicher, wirken aber mitunter beratungsresistent oder unzugänglich für Feedback. Externale Menschen sind kooperativ, teamorientiert und lernbereit, können aber unsicher oder entscheidungsschwach wirken, wenn kein klares äußeres Signal vorhanden ist.

Im Coaching, in der Führung oder im Verkauf ist es hilfreich, dieses Metaprogramm zu erkennen. Internale Klient:innen brauchen eher Fragen, die sie nach ihrer eigenen Einschätzung befragen, etwa: „Was sagt dir dein Gefühl dazu?", „Wie entscheidest du üblicherweise in solchen Situationen?". Externale Personen profitieren von strukturierter Anleitung, klaren Empfehlungen oder dem Hinweis auf bewährte Standards.

In der Kommunikation mit Vorgesetzten, Kolleg:innen oder Partner:innen kann die Differenz zwischen interner und externer Referenz zu Spannungen führen. Wer sich selbst als Maßstab nimmt, erwartet oft auch von anderen eine gewisse Eigenverantwortung. Wer dagegen auf äußere Bestätigung angewiesen ist, fühlt sich von rein „innerlich begründeten" Aussagen schnell übergangen oder nicht mitgenommen.

Interessant ist auch, dass viele Menschen kontextabhängig wechseln: Eine Person kann beruflich sehr internale Entscheidungen treffen, im privaten Bereich aber stark auf das Urteil anderer achten - oder umgekehrt. NLP hilft, diese Muster bewusst zu machen und gezielt zu nutzen oder zu verändern.

Eine besondere Variante stellt die sogenannte „verdeckte Internale Referenz" dar: Menschen fragen andere nach ihrer Meinung, scheinen offen für Feedback, orientieren sich letztlich aber doch nur an ihrer inneren Entscheidung. Diese Dynamik kann in Teams oder Partnerschaften zu Missverständnissen führen. Transparenz über die eigene Entscheidungsstruktur schafft hier oft Erleichterung.

In der Persönlichkeitsentwicklung ist es wertvoll, beide Referenzsysteme zu entwickeln. Eine gesunde internale Orientierung schützt vor übermäßiger Abhängigkeit von außen. Eine entwickelte externale Referenz hilft, Feedback anzunehmen, sich zu hinterfragen und sich sozial einzuordnen. Wer flexibel zwischen beiden Polen pendeln kann, kommuniziert bewusster, trifft ausgewogene Entscheidungen und bleibt lernfähig.

Praxisimpuls: Deine Entscheidungsmuster erkennen

- Denk an eine wichtige Entscheidung in deinem Leben. Wie hast du sie getroffen - eher aus dir heraus oder auf Basis äußerer Rückmeldungen?
- Wie leicht fällt es dir, bei Kritik deinen inneren Standpunkt zu behalten?
- Beobachte deine Sprache in Beratungssituationen: Fragst du eher nach „Was denkst du?" oder „Wie sehen das andere?"
- In welchen Lebensbereichen bist du eher internale, in welchen eher externale orientiert - und warum?

- Wie könntest du deine bevorzugte Referenzstrategie erweitern, um flexibler und bewusster zu handeln?

Metaprogramme wie dieses zeigen, wie unterschiedlich Menschen Wirklichkeit strukturieren. NLP macht diese Muster sichtbar, und eröffnet Wege zu mehr Verständigung, Selbstreflexion und innerer wie äußerer Klarheit.

Handlungsstil

Optionen- vs. Prozedurenorientierung

Das Metaprogramm der Optionen- versus Prozedurenorientierung beschreibt, wie Menschen an Aufgaben, Prozesse und Entscheidungen herangehen: bevorzugen sie Wahlmöglichkeiten, kreative Freiräume und neue Wege - oder folgen sie lieber bewährten Abläufen, klaren Strukturen und festen Schrittfolgen? Diese grundlegende Unterscheidung beeinflusst nicht nur den Arbeitsstil, sondern auch die Art, wie Menschen lernen, planen, führen oder sich motivieren.

Optionenorientierte Menschen denken in Möglichkeiten. Sie lieben es, zwischen Alternativen zu wählen, neue Ansätze auszuprobieren oder bestehende Systeme zu hinterfragen. Routine kann sie schnell langweilen, und das Festhalten an starren Vorgaben wird oft als einengend empfunden. Ihre Sprache enthält häufig Ausdrücke wie „Ich könnte auch ...", „Es gäbe viele Wege ...", „Wir sollten verschiedene Optionen prüfen". Solche Menschen sind oft innovativ, anpassungsfähig und kreativ - manchmal jedoch auch sprunghaft, entscheidungsschwach oder wenig ausdauernd.

Prozedurenorientierte Menschen hingegen fühlen sich wohl mit klaren Abläufen, definierten Zuständigkeiten und Schritt-für-Schritt-Anleitungen. Sie arbeiten gerne systematisch, folgen Prozessen und schätzen Standards. Ihre Sprache enthält Formulierungen wie „Zuerst macht man ...", „Dann kommt ...", „So funktioniert das normalerweise". Diese Personen gelten als zuverlässig, strukturiert und gründlich - können jedoch Schwierigkeiten haben, wenn sie ohne Anleitung improvisieren oder eigenständig neue Wege entwickeln müssen.

In beruflichen Kontexten zeigt sich dieses Metaprogramm besonders deutlich. Optionenorientierte Mitarbeiter:innen bringen frische Ideen, sind offen für Veränderungen und arbeiten oft gut in kreativen Teams. Sie blühen auf, wenn sie mitgestalten dürfen. In standardisierten Abläufen oder streng hierarchischen Strukturen fühlen sie sich dagegen schnell eingeschränkt.

Prozedurenorientierte Kolleg:innen sorgen für Stabilität, Prozesssicherheit und Effizienz. Sie wissen, was wann zu tun ist, und führen auch wiederkehrende Aufgaben zuverlässig aus. In Veränderungsprozessen benötigen sie jedoch oft mehr Zeit und Begleitung, da sie Unsicherheit als belastend empfinden können.

Im Coaching kann dieses Metaprogramm helfen, individuell passende Veränderungsstrategien zu entwickeln. Optionenmenschen profitieren von Fragen wie: „Welche Alternativen siehst du noch?", „Was wäre ein ungewöhnlicher Ansatz?" oder „Welche anderen Wege gäbe es?". Prozedurenorientierte Klient:innen reagieren besser auf strukturierende Fragen wie: „Was wäre der erste Schritt?", „Wie genau müsste das ablaufen?" oder „Welche Reihenfolge erscheint dir sinnvoll?"

Auch in der Führung lässt sich mit diesem Wissen gezielt arbeiten: Optionenorientierte Teams brauchen Freiräume, Entwicklungsmöglichkeiten und Beteiligung. Prozedurenorientierte Teams brauchen klare

Strukturen, Sicherheit und ein verlässliches Rahmen-werk. Eine gelungene Teamführung erkennt diese Unterschiede und fördert beides - Kreativität und Struktur.

In der Kommunikation mit Kund:innen, Patient:innen oder Schüler:innen lässt sich das Metaprogramm durch Sprachmuster, Reaktionen auf Strukturangebote oder die Art der Fragen schnell erkennen. Wer sensibel dafür wird, kann sein Gegenüber besser abholen - durch freiere Wahl oder durch klare Anleitung.

Praxisimpuls: Dein Zugang zu Aufgaben und Prozessen

- Denke an ein aktuelles Projekt oder eine Aufgabe: Gehst du eher frei und kreativ heran - oder planst du strukturiert Schritt für Schritt?
- Wie reagierst du auf Routine? Gibt dir das Sicher-heit - oder erzeugt es Langeweile?
- Beobachte deine Sprache in Gesprächen: Verwen-dest du häufiger „Ich könnte ..." oder „Man macht ..."?
- Welche Arbeitsweise bevorzugen deine Kolleg:innen oder Klient:innen - und wie gehst du darauf ein?
- Probiere aus, bewusst deinen bevorzugten Stil zu verlassen: Wenn du eher strukturiert arbeitest, ex-perimentiere mit neuen Wegen - wenn du eher spontan bist, versuche dich an klaren Abläufen.

Die Kenntnis dieses Metaprogramms hilft, Arbeitspro-zesse typgerecht zu gestalten, Motivation gezielt zu för-dern und Missverständnisse im Team zu vermeiden. NLP lädt dazu ein, sowohl die Freiheit der Optionen als auch die Klarheit der Prozeduren zu schätzen - und beide bewusst einzusetzen.

Bezugsrahmen

Selbstorientierung vs. Fremdorientierung

Das Metaprogramm des Bezugsrahmens beschreibt, woran Menschen ihre Bewertungen, Meinungen und Entscheidungen festmachen. Es geht darum, ob jemand vor allem aus dem eigenen Erleben heraus beurteilt oder ob er sich stärker am Verhalten, an den Aussagen und an der Rückmeldung anderer orientiert. In NLP-Begriffen unterscheiden wir zwischen Selbstorientierung und Fremdorientierung.

Menschen mit einer ausgeprägten Selbstorientierung vertrauen in erster Linie auf ihre eigene Wahrnehmung, ihre eigenen Werte und Maßstäbe. Sie treffen Entscheidungen aufgrund dessen, was für sie persönlich stimmig, logisch oder richtig erscheint, unabhängig davon, was andere denken oder raten. Ihre Sprache enthält Formulierungen wie: „Ich finde …", „Für mich fühlt es sich so an", oder „Ich komme selbst zu dem Schluss, dass …"

Diese Menschen haben meist ein stabiles inneres Referenzsystem. Sie sind autonom, selbstbewusst und oft resistent gegenüber sozialem Druck. Sie formulieren klar ihre Meinung, vertreten ihre Position auch gegen Widerstände und sind häufig unabhängig in ihrer Entscheidungsfindung. In manchen Fällen kann diese Selbstsicherheit allerdings in Unnachgiebigkeit oder mangelnde Empathie umschlagen, besonders dann, wenn die Perspektive anderer zu wenig berücksichtigt wird.

Fremdorientierte Menschen hingegen beziehen sich stärker auf das Außen. Sie beobachten, wie andere reagieren, was in der Gesellschaft als angemessen gilt, oder wie Expertinnen und Experten eine Situation bewerten. Ihre Sprache enthält häufig Sätze wie: „Was denken die anderen?", „Das wird so empfohlen", oder „Ich verlasse mich auf das Urteil von …"

Diese Haltung kann eine große Stärke sein. Fremdorientierte Personen sind oft anschlussfähig, teamorientiert, achtsam für Stimmungen und sensibel für zwischenmenschliche Prozesse. Sie nehmen Feedback gut auf, fragen nach, holen sich Meinungen ein und wirken häufig diplomatisch. Die Herausforderung liegt darin, bei zu starker Fremdorientierung nicht das eigene Zentrum zu verlieren. Entscheidungen werden dann unter Umständen aufgeschoben oder primär danach gefällt, wie sie bei anderen ankommen.

Dieses Metaprogramm ist in Beratung, Coaching und Führung besonders relevant. Selbstorientierte Klientinnen und Klienten brauchen oft keine Bestätigung, sondern eher Reflexionsfragen, die sie tiefer mit ihrer eigenen inneren Welt verbinden. Fremdorientierte Klientinnen und Klienten hingegen profitieren davon, ihren inneren Kompass zu entdecken und zu stärken, etwa durch Fragen wie: „Was wäre deine Entscheidung, wenn du niemandem Rechenschaft ablegen müsstest?"

Im Verkauf lässt sich das Metaprogramm gut beobachten. Selbstorientierte Kundinnen und Kunden wollen in Ruhe Informationen prüfen und ihre eigene Meinung bilden. Sie reagieren auf Aussagen wie: „Sie werden selbst spüren, ob es das Richtige für Sie ist." Fremdorientierte Kundinnen und Kunden wiederum möchten wissen, was andere denken, was Fachleute empfehlen oder welche Erfahrungen andere gemacht haben. Hier wirken Aussagen wie: „Viele zufriedene Kundinnen und Kunden haben sich ebenfalls dafür entschieden" oder „Diese Lösung wird von Expertinnen und Experten besonders empfohlen" besonders überzeugend.

In der Teamarbeit zeigt sich das Metaprogramm des Bezugsrahmens in der Art, wie Entscheidungen getroffen und Vorschläge bewertet werden. Selbstorientierte Teammitglieder bringen eigene Meinungen ein und brauchen Freiraum, ihre Sicht darzustellen. Fremdorientierte Kolleginnen und Kollegen achten stark auf Gruppendynamik, suchen nach Konsens und wirken verbindend. Missverständnisse entstehen oft, wenn selbstorientierte Personen fremdorientierten Mitgliedern Entscheidungsfreude absprechen oder wenn Fremdorientierte selbstorientierte Beiträge als egozentrisch oder unsozial empfinden.

Wie bei allen Metaprogrammen gilt auch hier: Es handelt sich nicht um starre Typen, sondern um situative Präferenzen. Viele Menschen sind in einem Bereich ihres Lebens stark selbstorientiert, etwa in der Berufsrolle, in einem anderen jedoch eher fremdorientiert, zum Beispiel im familiären Kontext. NLP macht diese Muster sichtbar und lädt dazu ein, sie bewusst zu erweitern.

Praxisimpuls: Deinen Bezugsrahmen erkennen und nutzen

- Denke an eine wichtige Entscheidung. Hast du dich dabei auf deine eigene Einschätzung verlassen oder auf das Urteil anderer?
- Wie formulierst du Meinungen im Gespräch? Sagst du: „Ich finde …" oder eher: „Es heißt, dass …"?
- In welchen Situationen orientierst du dich bewusst an anderen und wann verlässt du dich lieber auf dein Bauchgefühl?
- Gibt es Lebensbereiche, in denen du deinen inneren Bezugsrahmen stärken möchtest oder in denen du mehr Offenheit für äußere Rückmeldungen entwickeln willst?
- Probiere in einem aktuellen Entscheidungsprozess aus, beide Perspektiven einzubeziehen. Was sagt dein Inneres? Und was wäre der Blick von außen?

Dieses Metaprogramm erinnert uns daran, dass innere Wahrheit und äußere Orientierung keine Gegensätze sein müssen. NLP lädt dazu ein, beide Referenzsysteme zu schulen und sie je nach Situation bewusst einzusetzen, um stimmiger, klarer und wirksamer zu handeln.

Bewertungsmuster

Gleichheit vs. Unterschied

Das Metaprogramm „Gleichheit versus Unterschied" beschreibt, worauf Menschen beim Wahrnehmen, Vergleichen und Beurteilen ihre Aufmerksamkeit richten: auf das, was gleich oder ähnlich ist, oder auf das, was sich unterscheidet. Es beeinflusst maßgeblich, wie Menschen mit Veränderung umgehen, wie sie lernen, kommunizieren, motivieren und bewerten.

Gleichheitsorientierte Menschen neigen dazu, Gemeinsamkeiten, Übereinstimmungen und Wiederholungen zu erkennen. Sie sagen Dinge wie: „Das ist im Grunde wie letztes Mal", „Das kenne ich schon", oder „Das läuft bei uns ähnlich ab." Ihre Welt ist von Stabilität, Wiedererkennbarkeit und vertrauten Mustern geprägt. Sie empfinden Kontinuität als angenehm, schätzen Bekanntes und haben oft eine positive Haltung gegenüber Traditionen, Standards und Konventionen.

Unterschiedsorientierte Menschen hingegen richten ihren Fokus eher auf das Neue, Abweichende, Andersartige. Sie sagen Dinge wie: „Das ist ganz anders als bisher", „Das funktioniert diesmal völlig neu", oder „Hier stimmt etwas nicht." Sie sind aufmerksamer für Veränderungen, Verbesserungspotenzial oder Brüche im Muster. Unterschiedsorientierte Menschen suchen häufig nach Optimierung, Innovation und Individualität - sie sind jedoch auch anfälliger für Unzufriedenheit mit dem Status quo.

Dieses Metaprogramm beeinflusst tiefgreifend, wie Menschen sich durch ihre Umwelt bewegen. Eine gleichheitsorientierte Person fühlt sich wohl in stabilen Systemen, in denen sie bestehende Strukturen bewahren oder weiterführen kann. Unterschiedsorientierte Personen hingegen drängen oft zu Veränderung, Weiterentwicklung und Differenzierung - sie erleben Gleichförmigkeit schnell als Einschränkung oder Langeweile.

Im Coaching kann dieses Metaprogramm hilfreich sein, um Veränderungsprozesse typgerecht zu gestalten. Gleichheitsorientierte Klient:innen brauchen die Betonung von Stabilität, vertrauten Elementen oder wiederkehrenden Erfolgsfaktoren. Fragen wie „Was daran funktioniert für dich gut wie bisher?" oder „Was kannst du aus früheren Erfahrungen übernehmen?" fördern Sicherheit.

Unterschiedsorientierte Klient:innen dagegen reagieren positiv auf Fragen wie: „Was möchtest du diesmal anders machen?" oder „Welche neuen Möglichkeiten siehst du?" Sie brauchen das Gefühl, sich weiterzuentwickeln, sich abzugrenzen oder etwas zu verändern. Gleichförmigkeit oder Wiederholung kann ihnen das Gefühl geben, zu stagnieren.

Auch im Verkauf ist dieses Metaprogramm bedeutsam. Ein gleichheitsorientierter Kunde wird auf Aussagen wie „Dieses Modell ist bewährt", „Viele unserer Kund:innen schätzen das seit Jahren" oder „Das entspricht dem Standard" gut reagieren. Ein unterschiedsorientierter Kunde hingegen sucht das Besondere, den Unterschied zum Alten oder Gewohnten, und reagiert eher auf

Aussagen wie „Dieses Produkt ist völlig neu", „Hier haben wir etwas entwickelt, das es so noch nicht gab" oder „Damit heben Sie sich deutlich ab".

In Teams beeinflusst dieses Metaprogramm, wie Vorschläge bewertet werden. Gleichheitsorientierte Personen fragen: „Wie passt das zu unseren bisherigen Prozessen?" Unterschiedsorientierte fragen: „Was machen wir diesmal anders?" Missverständnisse können entstehen, wenn beide Typen ihre Sichtweise als die einzig richtige betrachten. Wer beide Tendenzen erkennt, kann Innovation mit Stabilität verbinden - und Veränderung auf eine tragfähige Basis stellen.

Wichtig ist auch die Frage nach der Zeitachse: Manche Menschen zeigen eine Gleichheitsorientierung im Kleinen, aber eine Unterschiedsorientierung über längere Zeiträume - oder umgekehrt. NLP lädt dazu ein, diese Muster differenziert zu erkennen und als Ressource zu nutzen.

Praxisimpuls: Wahrnehmung von Ähnlichkeit und Differenz

- Wie formulierst du deine Beobachtungen? Bemerkst du eher, was gleich geblieben ist - oder was sich verändert hat?
- Denke an einen neuen Menschen, den du kennengelernt hast. Hast du zuerst Gemeinsamkeiten entdeckt - oder Unterschiede?
- Welche Sprache verwendest du in Konflikten oder Veränderungsprozessen - betonst du Kontinuität oder Neuerung?
- In welchen Bereichen deines Lebens suchst du eher Gleichheit, in welchen eher Unterschied?
- Probiere im nächsten Gespräch gezielt die jeweils andere Perspektive: Wenn du eher gleichheitsorientiert bist, frage: „Was ist diesmal anders?" Wenn du eher auf Unterschiede fokussierst, frage: „Was ist daran gleich geblieben?"

Wer beide Perspektiven bewusst einsetzen kann - die Sicherheit der Wiederholung ebenso wie die Dynamik der Veränderung -, gewinnt nicht nur kommunikative Flexibilität, sondern auch ein differenzierteres Verständnis für sich selbst und andere.

Zeitorientierung

Vergangenheit, Gegenwart, Zukunft

Die Zeitorientierung ist ein besonders wirkungsvolles Metaprogramm im NLP, das beschreibt, worauf sich die Aufmerksamkeit eines Menschen zeitlich richtet. Manche Menschen denken, handeln und sprechen bevorzugt aus einer Perspektive der Vergangenheit, andere fokussieren sich auf die Gegenwart, wieder andere sind vor allem zukunftsorientiert. Diese Ausrichtung prägt ihre Wahrnehmung, ihre Motivation und ihr Kommunikationsverhalten - und hat weitreichende Konsequenzen für Beziehungen, Entscheidungen, Lernprozesse und Zielsetzungen.

Vergangenheitsorientierte Menschen beziehen sich stark auf Erlebnisse, Erfahrungen und bewährte Muster aus der Vergangenheit. Sie erinnern sich gerne an frühere Erfolge oder Fehler, sprechen oft in der Vergangenheitsform und argumentieren mit dem, was „schon einmal funktioniert hat" oder „früher üblich war". Ihre Sprache enthält Formulierungen wie: „Damals haben wir das so gemacht", „Das hat sich früher bewährt", oder „Ich erinnere mich noch gut an…".

Diese Orientierung bringt viele Ressourcen mit sich: Menschen mit einem starken Bezug zur Vergangenheit verfügen oft über Erfahrung, Stabilität, Kontinuität und ein gutes Gedächtnis. Sie denken in Rückblicken, können aus Fehlern lernen und sehen Entwicklungen im zeitlichen Zusammenhang. Gleichzeitig besteht die Gefahr, sich in Erinnerungen zu verlieren, Veränderungen zu vermeiden oder in alten Mustern stecken zu bleiben.

Gegenwartsorientierte Menschen leben im Hier und Jetzt. Ihre Aufmerksamkeit gilt dem aktuellen Moment, dem, was gerade geschieht. Sie handeln spontan, reagieren auf aktuelle Anforderungen und orientieren sich an unmittelbaren Bedürfnissen oder Chancen. Ihre Sprache enthält Formulierungen wie: „Was zählt, ist das Jetzt", „Ich schaue, wie es sich heute anfühlt", oder „Ich mache es einfach".

Diese Haltung bringt Präsenz, Spontaneität und Lebendigkeit mit sich. Gegenwartsorientierte Personen sind häufig besonders achtsam im Moment, handeln intuitiv und reagieren flexibel auf Veränderungen. Gleichzeitig kann diese Orientierung dazu führen, dass langfristige Planung, Reflexion oder Nachhaltigkeit zu kurz kommen.

Zukunftsorientierte Menschen richten ihre Aufmerksamkeit auf das, was kommen wird. Sie planen, entwerfen Visionen, formulieren Ziele und denken strategisch. Ihre Sprache ist geprägt von Sätzen wie: „Ich möchte in fünf Jahren dort stehen...", „Das wird sich langfristig auszahlen", oder „Ich stelle mir vor, wie es sein wird, wenn...".

Diese Ausrichtung bringt Weitblick, Motivation und Struktur mit sich. Menschen mit starker Zukunftsorientierung setzen sich Ziele, analysieren Trends und denken in Möglichkeiten. Gleichzeitig besteht das Risiko, sich in Planungen zu verlieren, unrealistische Erwartungen zu entwickeln oder das gegenwärtige Erleben zu vernachlässigen.

Im Coaching ist es hilfreich, die Zeitorientierung zu erkennen und gezielt zu nutzen. Eine vergangenheitsorientierte Klientin profitiert von Fragen wie: „Was hat dir früher schon einmal geholfen?", „Was kannst du aus deiner bisherigen Erfahrung mitnehmen?" oder „Welche früheren Erfolge sprechen für dich?"

Gegenwartsorientierte Klienten sprechen gut auf Fragen wie: „Was brauchst du jetzt?", „Wie fühlst du dich in diesem Moment?" oder „Was ist aktuell wichtig für dich?" an.

Zukunftsorientierte Menschen lassen sich mit Fragen wie „Was willst du langfristig erreichen?", „Wie sähe eine ideale Zukunft für dich aus?" oder „Welche Schritte führen dich dahin?" motivieren.

Auch in der Teamarbeit, in der Führung und im Verkauf ist dieses Metaprogramm hilfreich: Eine vergangenheitsorientierte Person möchte wissen, was sich bewährt hat. Eine gegenwartsorientierte Person sucht konkrete Lösungen für jetzt. Eine zukunftsorientierte Person reagiert auf Visionen, Pläne und Entwicklungen.

Es ist wichtig zu betonen: Niemand ist ausschließlich einer Zeitorientierung zugeordnet. Menschen wechseln zwischen den Perspektiven - je nach Kontext, emotionalem Zustand oder Aufgabe. NLP zielt darauf ab, diese Orientierung bewusst zu machen und flexibel zu gestalten. Wer Zugang zu allen drei Zeitperspektiven hat, kann aus der Vergangenheit lernen, im Jetzt leben und die Zukunft gestalten.

Praxisimpuls: Deine Zeitperspektive bewusst erleben

- Denke an eine aktuelle Entscheidung. Beziehst du dich dabei eher auf frühere Erfahrungen, auf das gegenwärtige Gefühl oder auf zukünftige Möglichkeiten?
- Wie formulierst du deine Ziele oder Wünsche - rückblickend, gegenwärtig oder zukunftsbezogen?
- In Gesprächen: Sprichst du häufiger über vergangene Erlebnisse, gegenwärtige Beobachtungen oder zukünftige Pläne?
- Wie wäre es, gezielt deine weniger bevorzugte Zeitorientierung zu aktivieren - zum Beispiel durch Fragen wie: „Was hat mir früher geholfen?", „Was ist jetzt konkret zu tun?", oder „Was wünsche ich mir für die Zukunft?"
- Reflektiere: Welche Zeitperspektive dominiert in deinem Alltag - und wie wirkt sich das auf dein Handeln, Fühlen und Entscheiden aus?

Die bewusste Arbeit mit diesem Metaprogramm schafft Verbindung zwischen Erfahrung, Gegenwart und Vision. NLP lädt dazu ein, alle Zeitfenster zu nutzen, um das Leben bewusster, vollständiger und wirksamer zu gestalten.

Informationsgröße

Überblick vs. Detailorientierung

Das Metaprogramm der Informationsgröße beschreibt, auf welcher Abstraktionsebene Menschen bevorzugt Informationen verarbeiten. Es geht um die Frage: Ist jemand eher auf das große Ganze, die Zusammenhänge und das Wesentliche fokussiert - oder auf einzelne Elemente, konkrete Fakten und Details? Diese Präferenz beeinflusst maßgeblich, wie wir kommunizieren, Probleme lösen, Entscheidungen treffen und Informationen weitergeben oder aufnehmen.

Überblicksorientierte Menschen denken eher in Zusammenfassungen, Metastrukturen und Prinzipien. Sie interessieren sich für das Gesamtbild, die großen Linien und das „Warum" hinter dem „Was". Ihre Sprache enthält Ausdrücke wie: „Im Wesentlichen geht es um...", „Das große Ganze ist...", „Letztlich zählt...". Sie sind in der Lage, Informationen zu verdichten, Muster zu erkennen und komplexe Inhalte zu vereinfachen. In Gesprächen neigen sie dazu, Themen zu strukturieren oder das Gespräch auf eine übergeordnete Ebene zu führen.

Detailorientierte Menschen hingegen legen Wert auf Genauigkeit, Präzision und Vollständigkeit. Sie fragen nach dem „Wie genau?", interessieren sich für konkrete Zahlen, Abläufe, Unterscheidungen und einzelne Informationen. Ihre Sprache enthält Formulierungen wie: „Was genau meinst du?", „Wie viele waren es?", „Welche Schritte sind notwendig?" Sie sind sorgfältig, analytisch und gewissenhaft - aber manchmal auch anfällig für Informationsüberflutung oder das Verzetteln im Klein-Klein.

Beide Informationsverarbeitungsstile haben klare Stärken - und unterschiedliche Schwächen. Überblicksmenschen sehen oft schnell, worauf es ankommt, verlieren sich aber mitunter in Vereinfachungen oder übersehen wichtige Details. Detailmenschen sichern Qualität, entdecken Fehler und garantieren Gründlichkeit, können jedoch den Überblick verlieren oder Entscheidungsprozesse verlangsamen.

Im Coaching hilft dieses Metaprogramm, die passende Sprachebene zu wählen. Ein Klient mit Überblicksorientierung profitiert von Fragen wie: „Was ist dir grundsätzlich wichtig?", „Wie würdest du das in einem Satz zusammenfassen?", oder „Was ist das übergeordnete Ziel?". Detailorientierte Klient:innen hingegen sprechen besser auf Fragen an wie: „Was genau ist der erste Schritt?", „Welche Aspekte sind zu beachten?" oder „Was fehlt dir noch an Information?"

Auch im Verkauf ist die Unterscheidung entscheidend: Ein Überblickskunde möchte den Nutzen, das Konzept und die Vorteile schnell verstehen. Ihn interessieren Zusammenfassungen, Nutzenargumente und Effizienz. Ein detailorientierter Kunde hingegen will technische Daten, Vergleiche, Prozessbeschreibungen oder Anwendungsbeispiele. Hier gilt es, sowohl die Informationsmenge als auch die Struktur an die Bedürfnisse des Gegenübers anzupassen.

In der Teamarbeit ergänzen sich diese Typen ideal - sofern sie sich gegenseitig schätzen lernen. Überblicksmenschen bringen Strategie und Vision, Detailmenschen sorgen für Realisierung und Umsetzung. Konflikte entstehen häufig, wenn die eine Seite der anderen Oberflächlichkeit bzw. Pedanterie vorwirft. NLP hilft hier, diese Unterschiede als komplementär zu begreifen und produktiv zu nutzen.

Es ist hilfreich, sich bewusst auf beiden Ebenen bewegen zu können: Wer ins Detail geht, sollte sich fragen, worauf es letztlich hinausläuft. Wer das große Ganze sieht, sollte prüfen, ob noch wichtige Einzelschritte fehlen. In Präsentationen, Workshops oder Diskussionen lässt sich die Aufmerksamkeit gezielt lenken - mal fokussierend, mal öffnend. NLP stellt mit der Technik des „Chunking" (nach oben oder unten) ein einfaches Werkzeug zur Verfügung, um zwischen Abstraktionsebenen zu wechseln.

Praxisimpuls: Deine Informationsverarbeitung bewusst steuern

- Denk an ein Gespräch oder eine Präsentation, bei der du dich besonders wohlgefühlt hast: War sie eher überblicksartig oder detailreich?
- In welcher Sprachebene fühlst du dich sicherer - bei der Zusammenfassung oder bei der genauen Beschreibung?
- Beobachte deine Gesprächspartner:innen: Neigen sie dazu, schnell auf den Punkt zu kommen - oder erst alle Aspekte gründlich zu klären?
- Übe bewusstes Chunking: Nimm eine konkrete Aussage und formuliere sie verallgemeinert (Chunk up), oder geh vom Allgemeinen ins Konkrete (Chunk down).
- Wie könntest du in einem beruflichen oder privaten Gespräch bewusst zwischen Überblick und Detail wechseln, um besser verstanden zu werden?

NLP zeigt: Die Informationsgröße ist kein Entweder-oder, sondern ein Spielfeld der Differenzierung. Wer die Fähigkeit entwickelt, sich flexibel auf verschiedene Informationsebenen einzulassen, erweitert nicht nur sein kommunikatives Repertoire, sondern auch seine Fähigkeit, mit Komplexität klar und souverän umzugehen.

Aktivitätsmuster

Proaktiv, Reaktiv, Inaktiv

Das Metaprogramm der Aktivitätsmuster beschreibt, wie Menschen typischerweise in Handlung kommen: initiieren sie selbstständig (proaktiv), reagieren sie auf äußere Impulse (reaktiv) oder bleiben sie weitgehend passiv (inaktiv)? Diese Grundstruktur des Handelns hat weitreichende Auswirkungen auf Motivation, Zeitmanagement, Teamverhalten, Entscheidungsfreude und Selbstführung.

Proaktive Menschen sind handlungsorientiert. Sie übernehmen Initiative, treffen Entscheidungen und gehen auf Ziele zu, ohne erst auf äußere Anstöße zu warten. Ihre Sprache enthält Sätze wie: „Ich habe das angestoßen", „Ich bin gleich losgegangen" oder „Ich wollte es unbedingt umsetzen". Sie sind oft durch Eigenmotivation, Zielstrebigkeit und Gestaltungswillen geprägt. In Gruppen bringen sie Bewegung, übernehmen Verantwortung und treiben Prozesse voran - manchmal aber auch, ohne ausreichend zu reflektieren oder auf andere zu warten.

Reaktive Menschen handeln vorrangig als Antwort auf äußere Reize oder Anforderungen. Sie kommen in Bewegung, wenn etwas passiert oder wenn sie dazu aufgefordert werden. Ihre Sprache enthält häufig Formulierungen wie: „Als er mich gefragt hat, habe ich...", „Nachdem das entschieden war...", oder „Ich habe darauf reagiert". Sie sind anpassungsfähig, achtsam gegenüber ihrem Umfeld und oft gute Zuhörer:innen - laufen aber Gefahr, ihre eigenen Bedürfnisse zu vernachlässigen oder unter Entscheidungsdruck zu geraten.

Inaktive Menschen wiederum neigen dazu, wenig Handlung zu zeigen, sei es aus Zurückhaltung, Unsicherheit, Entscheidungsvermeidung oder fehlender Motivation. Sie warten oft ab, vermeiden Verantwortung oder ziehen sich zurück. Ihre Sprache ist geprägt von Passivität: „Ich weiß noch nicht, ob ich das mache", „Vielleicht ergibt sich etwas" oder „Mal schauen, was passiert". In bestimmten Kontexten kann diese Haltung mit Bedachtsamkeit oder innerer Beobachtung einhergehen, wenn sie jedoch zur Regel wird, kann sie zu Blockade und Stagnation führen.

Wichtig ist: Diese Muster sind nicht festgelegt. Menschen verhalten sich in unterschiedlichen Lebensbereichen unterschiedlich aktiv. Eine Person kann im Beruf proaktiv, im Privatleben jedoch eher reaktiv sein. Oder jemand kann in vertrauten Situationen aktiv agieren, in neuen Kontexten aber abwarten. NLP zielt darauf ab, diese Muster bewusst zu machen und Wahlmöglichkeiten zu schaffen.

Im Coaching kann die Analyse des Aktivitätsmusters helfen, Veränderung anzustoßen. Proaktive Klient:innen brauchen eher Reflexionsimpulse und Feedback, damit sie innehalten und ihre Dynamik zielgerichtet einsetzen. Reaktive Klient:innen profitieren von Ressourcenarbeit, die sie darin stärkt, ihre Impulse wahrzunehmen und umzusetzen. Inaktive Klient:innen benötigen oft sanfte Aktivierung, kleine Erfolgserlebnisse und die Arbeit mit hinderlichen Glaubenssätzen.

Auch im beruflichen Kontext ist das Metaprogramm der Aktivität relevant: Proaktive Mitarbeiter:innen bringen Innovation, aber auch Konfliktpotenzial durch Vorpreschen. Reaktive Mitarbeiter:innen sichern die Umsetzung, sind teamfähig, brauchen aber klare Ansprache. Inaktive Mitarbeiter:innen können wertvolle Impulse geben, wenn man ihnen mit Geduld, Struktur und Ermutigung begegnet - sie sind oft sensibel und reflektiert, doch zurückhaltend.

In der Führung ist es sinnvoll, sowohl die eigenen Aktivitätsmuster zu reflektieren als auch jene der Mitarbeiter:innen zu erkennen. Wer ausschließlich proaktiv führt, kann reaktive Typen überfordern. Wer nur reagiert, erzeugt Unsicherheit. Wer inaktiv bleibt, verliert Autorität. Gelungene Führung bedeutet, die Balance zwischen Aktion, Reaktion und Raumhalten zu meistern.

Praxisimpuls: Dein persönliches Handlungsmuster erkennen

- In welcher Situation hast du zuletzt von dir aus gehandelt, ohne Aufforderung oder Impuls von außen?
- Wann hast du zuletzt auf einen äußeren Reiz oder eine Bitte reagiert, statt selbst etwas zu initiieren?
- In welchem Bereich deines Lebens fühlst du dich oft inaktiv, und was könnte der Grund dafür sein?
- Wie wirkt sich dein Aktivitätsmuster auf deine Beziehungen, deine Arbeit und deine Ziele aus?

- Wenn du deine Aktivitätsbalance erweitern möchtest: Was wäre ein erster kleiner Schritt in eine neue Richtung?

NLP macht deutlich: Aktivität ist keine Frage des Temperaments, sondern der bewussten Muster. Wer sich selbst in seinem Handlungsstil erkennt, kann nicht nur besser kommunizieren, sondern sein Leben auch gezielter gestalten, führen und verändern.

Beziehungsorientierung

Ich für mich, Ich für andere, Ich für uns

Die Beziehungsorientierung als Metaprogramm beschreibt, in welcher inneren Haltung Menschen zu sich selbst und zu anderen stehen, wenn sie handeln, entscheiden oder kommunizieren. Es geht um die grundlegende Frage: Wer steht im Zentrum meines Denkens und Handelns? Ich selbst, mein Gegenüber oder das größere Wir? Dieses Muster beeinflusst Motivation, Konfliktverhalten, Führung, Teamarbeit und persönliche Werte.

Menschen mit einer „Ich für mich"-Orientierung handeln primär aus dem eigenen Bedürfnis heraus. Sie fragen sich: „Was will ich?", „Was tut mir gut?", „Was bringt mir das?" Ihre Motivation ist stark selbstbezogen, nicht im egoistischen, sondern im selbstverantwortlichen Sinn. Sie kennen ihre Ziele, setzen Grenzen und sind meist gut darin, eigene Interessen zu vertreten. Ihre Sprache enthält Formulierungen wie: „Mir ist wichtig...", „Ich brauche...", „Ich entscheide mich für..."

Diese Orientierung bringt Autonomie, Klarheit und Selbstfürsorge mit sich. Sie ist hilfreich in Situationen, in denen Selbstverantwortung, klare Entscheidungen oder persönliche Integrität gefragt sind. Gleichzeitig kann sie, wenn sie überbetont wird, als rücksichtslos, distanziert oder wenig kooperativ erlebt werden.

Menschen mit einer „Ich für andere"-Orientierung richten ihr Handeln stark an den Bedürfnissen, Erwartungen und Reaktionen anderer aus. Sie fragen: „Wie kann ich helfen?", „Was braucht mein Gegenüber?", „Wie geht es den anderen damit?" Ihre Motivation entspringt aus Fürsorge, Empathie und Harmoniebedürfnis. Sie übernehmen häufig Verantwortung für das Wohlbefinden anderer, manchmal bis zur Selbstaufopferung. Ihre Sprache enthält Sätze wie: „Ich mache das, weil es dir hilft", „Ich möchte, dass du dich wohlfühlst", oder „Ich will niemanden enttäuschen".

Diese Haltung schafft Verbindung, Vertrauen und soziale Wärme. Sie ist besonders wertvoll in helfenden Berufen, im Teamwork oder in der Familienarbeit. Gleichzeitig kann eine einseitige „Ich für andere"-Orientierung zur Vernachlässigung eigener Bedürfnisse führen - bis hin zu Erschöpfung oder Abgrenzungsschwierigkeiten.

Die dritte Variante, „Ich für uns", vereint die Perspektiven von Selbst und Gemeinschaft. Menschen mit dieser Orientierung suchen das Gleichgewicht zwischen dem, was für sie selbst gut ist, und dem, was dem größeren Ganzen dient. Sie stellen sich Fragen wie: „Wie können wir gemeinsam gewinnen?", „Was braucht das System, zu dem ich gehöre, und wie kann ich dazu beitragen, ohne mich zu verlieren?" Ihre Sprache ist geprägt von Formulierungen wie: „Lass uns gemeinsam schauen…", „Ich denke, es wäre für alle gut, wenn…", oder „Ich bringe mich ein, weil ich an das Ganze glaube".

Diese Haltung ist besonders kraftvoll in Führungsrollen, in gemeinschaftlichen Prozessen oder in Organisationen, die auf Partizipation setzen. Sie integriert Eigenverantwortung mit Verbundenheit, fördert nachhaltige

Lösungen und schafft langfristige Beziehungen. Gleichzeitig erfordert sie eine hohe Reflexionsfähigkeit, da sie zwischen Eigen- und Gemeinschaftsinteressen vermitteln muss.

Im Coaching ist es hilfreich, die Beziehungsorientierung zu erkennen. Eine „Ich für mich"-Person braucht unter Umständen den Impuls, andere Perspektiven stärker einzubeziehen. Eine „Ich für andere"-Person profitiert davon, eigene Bedürfnisse zu klären und innere Grenzen zu entdecken. Eine „Ich für uns"-Person kann durch systemische Fragen weiter gestärkt werden - etwa im Hinblick auf Rollen, Werte und übergeordnete Ziele.

Auch in Teams erklärt dieses Metaprogramm viele Dynamiken: Konflikte entstehen oft, wenn „Ich für mich"-Personen mit „Ich für andere"-Typen kollidieren, etwa wenn Selbstbehauptung auf Rücksichtnahme trifft. NLP hilft, diese Muster zu verstehen und Brücken zu bauen. In der Führung ermöglicht die bewusste Wahrnehmung der Beziehungsorientierung eine typgerechte Ansprache und eine wertebasierte Kulturentwicklung.

Praxisimpuls: Deine Beziehungsorientierung erkunden

- Denke an eine Entscheidung, die du kürzlich getroffen hast: Hast du sie primär für dich, für jemand anderen oder für das „Wir" getroffen?
- Welche Formulierungen verwendest du häufiger: „Ich will", „Du brauchst" oder „Wir sollten"?
- In Konfliktsituationen: Neigst du dazu, dich zurückzuziehen, dich anzupassen oder eine gemeinsame Lösung zu suchen?
- Wo lebst du deine Beziehungsorientierung besonders bewusst, und wo könnte ein Ausgleich hilfreich sein?
- Wie kannst du in deinem Alltag stärker in den Modus „Ich für uns" kommen, ohne dich selbst dabei zu verlieren?

NLP macht sichtbar, dass Beziehung immer auch mit innerer Ausrichtung zu tun hat. Wer bewusst mit seiner Beziehungsorientierung umgeht, kann klarer kommunizieren, gesünder entscheiden und tragfähiger in Beziehung treten, mit sich selbst, mit anderen und im größeren Ganzen.

Fazit: Metaprogramme als Schlüssel zu mehr Verständnis und Wirksamkeit

Die Arbeit mit Metaprogrammen im NLP eröffnet einen tiefen Einblick in die unbewussten Strukturen, die unser Denken, Fühlen und Handeln prägen. Sie zeigen, wie unterschiedlich Menschen dieselbe Realität erleben und wie Kommunikation dadurch sowohl bereichert als auch erschwert werden kann. Wer die Metaprogramme kennt, kann bewusster mit diesen inneren Filtern umgehen - bei sich selbst ebenso wie bei anderen.

Metaprogramme sind keine Schubladen, sondern dynamische Präferenzen. Sie laden dazu ein, sich selbst besser kennenzulernen, die Vielfalt menschlicher Wahrnehmung zu würdigen und Kommunikationsräume zu schaffen, die sowohl verständnisvoll als auch wirksam sind. In Beratung, Coaching, Führung, Pädagogik, Verkauf und vielen anderen Bereichen ermöglichen sie feinfühlige Anpassungen, die Beziehungen vertiefen, Prozesse klären und Ergebnisse verbessern können.

Die Beschäftigung mit Metaprogrammen fordert zur Reflexion auf, stärkt die Wahrnehmung und erweitert die kommunikative Kompetenz. Wer sich dieser inneren Strukturen bewusst wird und sie flexibel gestalten kann, gewinnt nicht nur an Tiefe im Verständnis, sondern auch an Freiheit im Handeln. NLP bietet hier einen kraftvollen Werkzeugkoffer, der achtsam und respektvoll genutzt werden will - im Dienst von Entwicklung, Beziehung und bewusster Gestaltung.

Was du mitnimmst

Vielleicht hast du beim Lesen dieses Buches manchmal gestaunt, manchmal genickt, vielleicht auch gezweifelt oder kritisch nachgefragt. All das gehört dazu. NLP ist kein Rezeptbuch für das Leben, sondern ein Werkzeugkasten, der dir hilft, bewusster mit dem umzugehen, was ohnehin schon in dir ist. Du hast in den vergangenen Kapiteln viele Modelle, Methoden und Haltungen kennengelernt - und dabei hoffentlich nicht nur etwas über NLP erfahren, sondern auch etwas über dich selbst.

Denn das ist es, worum es im Kern immer ging: deine eigene Entwicklung, dein Blick auf dich, dein Denken, Fühlen und Handeln. NLP kann dich dabei unterstützen, Muster zu erkennen, dich selbst besser zu verstehen und gezielte Veränderungen einzuleiten. Es ist kein Allheilmittel. Aber es ist ein Werkzeug, das dir Möglichkeiten eröffnet. Es schenkt dir Wahlfreiheit. Und Wahlfreiheit ist der erste Schritt zu echter Selbstwirksamkeit.

Vielleicht hast du schon begonnen, einige der Praxisimpulse in deinen Alltag zu integrieren. Vielleicht bist du überrascht, wie viel bereits eine kleine Veränderung bewirken kann. Oder du merkst, dass du manche Inhalte noch sacken lassen willst, dass du Zeit brauchst, um Dinge in deinem eigenen Tempo auszuprobieren. Auch das ist gut so. Veränderung geschieht nicht auf Knopfdruck. Sie geschieht schrittweise, oft unsichtbar, manchmal leise, und dann, plötzlich, ist etwas anders.

Wenn du mit NLP weitergehen möchtest, steht dir vieles offen. Vielleicht entscheidest du dich, eine fundierte

Ausbildung zu beginnen. Vielleicht suchst du dir Austauschpartner:innen oder gehst gezielt in die Praxis. Vielleicht reicht es dir auch, wenn das, was du gelesen und erfahren hast, wie ein stiller Samen in dir weiterwächst. Es gibt keine Pflicht zur Veränderung. Aber es gibt das Angebot, dich bewusst dafür zu entscheiden.

Ich wünsche dir, dass du dieses Buch nicht nur als Wissensquelle siehst, sondern als Einladung, mit dir selbst und mit anderen bewusster in Beziehung zu treten. Dass du neugierig bleibst, auch dort, wo etwas nicht gleich funktioniert. Dass du lernst, dir selbst mit mehr Mitgefühl und mehr Klarheit zu begegnen. Und dass du anderen Menschen mit jener Haltung begegnest, die NLP im Kern ausmacht: achtsam, offen und mit dem Vertrauen, dass jeder Mensch die Ressourcen für seine Entwicklung bereits in sich trägt.

Danke, dass du dich auf diesen Weg eingelassen hast. Es war mir eine Freude, dich mit diesem Buch begleiten zu dürfen.

Praxisimpuls zum Abschluss: Dein NLP-Tagebuch

Nimm dir in den nächsten Tagen bewusst Zeit, um deinen Weg mit NLP zu reflektieren. Schnapp dir ein leeres Blatt Papier oder ein Notizbuch und beantworte folgende Fragen schriftlich:

- Was war der stärkste Aha-Moment beim Lesen dieses Buches?
- Welche NLP-Technik oder welches Modell hat dich am meisten angesprochen - und warum?
- Wie hat sich dein Denken oder Verhalten in den letzten Wochen verändert?
- In welchen Bereichen deines Lebens möchtest du NLP gezielt weiter anwenden?
- Was ist dein nächster, ganz konkreter Schritt?

Vielleicht möchtest du aus diesen Notizen ein kleines NLP-Tagebuch entstehen lassen, in dem du regelmäßig reflektierst, was du ausprobierst, was gut funktioniert und was du weiterentwickeln möchtest. Dein Lernprozess endet nicht mit der letzten Seite dieses Buches - er beginnt genau hier.

Ich wünsche dir auf deinem weiteren Weg Klarheit, Mut und viele inspirierende Begegnungen. Mit anderen und mit dir selbst.